图说
华东师大

汤涛　主编

华东师范大学出版社
·上海·

图书在版编目（CIP）数据

图说华东师大/汤涛主编. -- 上海：华东师范大学出版社，2022 ISBN 978-7-5760-3505-6

Ⅰ.①图… Ⅱ.①汤… Ⅲ.①华东师范大学－校史－史料－图集 Ⅳ.① G659.285.1-64

中国版本图书馆 CIP 数据核字（2022）第 233628 号

图说华东师大

主　　编	汤　涛
责任编辑	朱妙津
责任校对	时东明
装帧设计	郝　钰

出版发行	华东师范大学出版社
社　　址	上海市中山北路 3663 号　邮编 200062
网　　址	www.ecnupress.com.cn
电　　话	021-60821666　行政传真 021-62572105
客服电话	021-62865537　门市（邮购）电话 021-62869887
地　　址	上海市中山北路 3663 号华东师范大学校内先锋路口
网　　店	http://hdsdcbs.tmall.com

印 刷 者	上海中华印刷有限公司
开　　本	787×1092　16 开
印　　张	17.75
字　　数	320 千字
版　　次	2023 年 5 月第一版
印　　次	2023 年 5 月第一次
书　　号	ISBN 978-7-5760-3505-6
定　　价	108.00 元

出 版 人　王　焰

（如发现本版图书有印订质量问题，请寄回本社客服中心调换或电话 021-62865537 联系）

华东师大"丽娃档案"丛书编委会

主　任　梅　兵　钱旭红
副主任　雷启立

《图说华东师大》编委会

主　编　汤　涛
副主编　林雨平　陈华龙
编　委　施家仓　李炜菁　徐晓楚　俞玮琦
　　　　杨　婷　符玲玲　吴　雯

丛书总序

很少有一条小河那么有名，很少有一条名河那么小巧。华东师大的这条校河，虽然在市中心普陀校区的地图以外难见踪影，却在遍布全球的师大校友的心里，时时激起浪花。

站在丽虹桥上望着丽娃河，那绿树鲜花簇拥着的、蓝天白云倒映着的清澈水面，有人会嫌她过于清纯不够豪放，有人会提醒说她也曾受过污染，与师大结缘于郊外新校区的老师和同学们，会觉得她与闵行校区的樱桃河其实各有千秋。但是，一年又一年，一代又一代，有多少人，一提起她的名字，有说不完的话，却又常常不知从何说起……

华东师大成立于1951年10月16日，成立大会的地点就在离丽娃河不远的思群堂。华东师大的基础是成立于1924年的大夏大学和成立于1925年的光华大学，以及其他一些高校的部分系科，其中包括成立于1879年的上海圣约翰大学分解以后的理学院（数学系、物理系、化学系、生物系）和教育系，以及圣约翰大学的11万余册藏书。尽管按惯例我们可以把建校日确定在20世纪20年代，甚至还可以追溯到中国土地上第一所现代大学诞生的130多年前，但我们更珍惜"新中国第一所师范大学"的荣誉，更珍惜曾经是中共中央指定的全国16所重点高校之一的责任，也因此而更珍惜与这种荣誉和责任有独特缘分的那个校园，那条小河。

因此，"丽娃"是一种象征，象征着华东师大的荣誉，象征着华东师大的责任。编选以"丽娃"命名的这套丛书，是为了表达我们对学校的荣誉和责任的珍惜，表达我们对获得这种荣誉和履行这种责任的前辈和学长们的怀念和景仰，也表达我们对不同时期支持学校战胜挑战、追求卓越的历届校友和各界人士们的由衷感激。

这套丛书，应该忠实记载华东师大百余年的文脉传承和一甲子的办学历程，全面解读"平常时节自信而低调、进取而从容，关键时刻却挺身而出，义无反顾"的师大人气质，充分展现华东师大精神传统的各个侧面和形成过程。

这套丛书，应该生动讲述历代校友的精彩故事和不同时期的奋斗历程，让我们和我们的后代们知道，华东师大的前辈们是怎样用文化的传承来抵抗野蛮和苦难的，是怎样用知识的创造来追求光明和尊严的，又是怎样努力用卓越的学术追求与和谐的团体生活，来培养德智体美劳全面发展的社会主义建设者和接班人的。

这套丛书，更应该激励我们和我们的后代，永远继承"自强不息""格致诚正"的精神，发扬学思结合、中外汇通的传统，不断追求"智慧的创获，品性的陶熔，民族和社会的发展"

的大学理想,忠实履行"求实创造,为人师表"的师生准则。

这样一套丛书,将不仅成为华东师大这个特定学术共同体的自我认识和集体记忆,而且也将成为人们了解现代中国高等教育曲折发展脉络、研究中华民族科教兴国艰苦历程的资料来源和重要参考。

从这个角度来看,编辑出版这样一套丛书,是以一种特殊方式续写着华东师大的历史,更新着华东师大的传统,丰富着华东师大的精神。

因此,我们有多种理由对丛书的诞生和成长充满期待,祝愿"丽娃档案"丛书编辑工作取得圆满成功。

2014 年 5 月

序言

潮平两岸阔，风正一帆悬。《图说华东师大》的出版，对赓续师大文脉、启迪后人具有深远意义。

大学作为具有历史传统和文化底蕴的独特组织，是人类新知识、新思想、新思维的重要诞生地。对大学办学的实践过程进行全面、客观的记载，既是校史编研工作，也是大学文化建设的重要内容。近年来，学校档案馆坚守"存史、资政、育人"之职能，编撰出版《华东师大馆藏名人手札》《丽娃记忆：华东师大口述实录》等3000万字的"丽娃档案"丛书，去年70周年校庆之际，历时十载编纂完成学校首部校志《华东师范大学志》。现在，呈现在读者面前的这本《图说华东师大》，是档案馆继续探索校史文化传播新方法而编撰完成的一部图文并茂、隽永有趣的校史著作。

"左图右史"是中国的史学传统。读史借助舆图，突破身体所至、目力所及的限制，从而"究天人之际，通古今之变"。编撰各类图册，成为普及文化、传播文明的重要途径。档案馆以馆藏历史图片为基础编撰的《图说华东师大》，正是一部从师生校友的视角出发完成的一本图文并茂的校史入门读物。时间是伟大的书写者，也是伟大的创造者。华东师大有着140余年的办学史，70多年的建校史，一代代师大人的艰辛探索与不懈追求，随着《图说华东师大》一幅幅带着历史信息的图片，在我们面前徐徐展开来。

本书根据学校历史发展阶段共辟为五篇：第一篇"溯厥渊源：组建新中国第一所社会主义师范大学（1879—1951）"，反映华东师大三大主要前身大夏大学、光华大学以及圣约翰大学的办学历史及其对华东师大创建的基础性意义；第二篇"矩范良师：探索新型社会主义师范大学（1952—1977）"，彰显华东师大成立初期所肩负的"培养百万人民教师"历史使命；第三篇"抟和群科：建设高水平综合性研究型大学（1978—1995）"，展现改革开放后华东师大人努力探索建设综合性大学的道路；第四篇"霄汉思齐：创建世界知名大学（1996—2016）"，呈现华东师大在国家"211""985"等重点工程支持下，创建世界知名高水平大学的艰辛历程；第五篇"寰宇争高：迈向世界一流大学的征途（2017— ）"，展示华东师大进入世界一流大学建设高校A类行列后，扎根中国大地，建设世界一流大学的奋斗征程。

习近平总书记指出，"一个国家、一个民族的强盛，总是以文化兴盛为支撑的，中华民族伟大复兴需要以中华文化发展繁荣为条件"。校史是大学文化传承的重要载体，在精神引领上发挥着至关重要的作用；而校史文化具有独特的感召力和精神魅力，有助于构建深厚的内生力量。从2013年起，我校把校史校情教育作为新生入校教育的核心内容，每年校领导讲授"新生第一课"，旨在通过研读校史涵养师大人的文脉风骨，分享校情坚定新生们的求学信念，筑牢青年学生的精神信仰，厚植爱国主义情怀，引导青年学子追求卓越，勇担时代重任。

  一流大学需要一流文化。在长期的办学过程中，华东师大形成了自己独特的文化和大学精神。立足新时代，学校正全面实施卓越育人、卓越学术和卓越治理，建设文脉深厚、智慧卓绝的中国式现代化优雅学府。因此，深入发掘档案资源、创造卓越校园文化，为华东师大实现卓越目标提供有力支撑恰逢其时。我们希望这本《图说华东师大》，能成为学校"新生第一课"的重要参考。同时，通过《图说华东师大》对校史校情的精彩呈现，广大师生校友不仅更加了解熟悉学校的前世今生，也将更加爱校荣校，为学校赋能，坚勇并进，共同致力于立足中国大地的世界一流大学建设。

  是为序。

校党委书记：梅兵

校　　　长：钱旭红

2022年11月

目录

第一篇	**溯厥渊源：组建新中国第一所社会主义师范大学（1879—1951）**	2
第一章	大夏大学（1924—1951）	4
第二章	光华大学（1925—1951）	20
第三章	圣约翰大学（1879—1952）	34
第四章	华东师范大学成立	42
第二篇	**矩范良师：探索新型社会主义师范大学（1952—1977）**	52
第五章	中共中央指定全国重点大学	54
第六章	全面学习苏联教育经验	58
第七章	首次开展教师级别评定	68
第八章	坚持师范性与学术性相统一	72
第九章	探索多样化办学途径	82
第十章	学校更名与复名	86
第十一章	校园扩建　多彩生活	92
第三篇	**抟和群科：建设高水平综合性研究型大学（1978—1995）**	106
第十二章	恢复全国重点大学地位	108
第十三章	新设系科助力人才培养	112
第十四章	教育部指定教师评聘改革试点	126
第十五章	科学研究　服务地方建设	132
第十六章	稳步推进国际合作交流	142
第十七章	丽娃新景观	148

第四篇　霄汉思齐：创建世界知名大学（1996—2016）　160
  第十八章　跻身国家"211""985"工程行列　162
  第十九章　引领中国教师教育发展　172
  第二十章　建设闵行校区　178
  第二十一章　实施学科集群战略　182
  第二十二章　院士工程　制度创新　190
  第二十三章　赓续文脉　缤纷气象　200

第五篇　寰宇争高：迈向世界一流大学的征途（2017— ）　210
  第二十四章　扎根中国大地　建设一流大学　212
  第二十五章　研教结合　卓越育人　216
  第二十六章　强基固本　攀高望远　224
  第二十七章　对接国家战略　增强服务动能　236
  第二十八章　优雅学府　文明和谐　244
  第二十九章　国际化办学进入新时代　256
  附：华东师大历任党委书记与校长　270

编后记　272

第一篇 溯厥渊源
组建新中国第一所社会主义师范大学（1879—1951）

华东师范大学以大夏大学、光华大学、圣约翰大学等校为主要基础，同时调入复旦大学、同济大学、浙江大学、沪江大学、大同大学等校部分系科发展而来。

HISTORICAL EVOLUTION

Founding the First Socialist Normal University of the PRC (1879—1951)

East China Normal University evolved from The Great China University, Kwang Hua University and St. John's University in Shanghai. Some of its departments, disciplines as well as teachers were transferred from several other universities, including Fudan University, Tongji University, Zhejiang University, Shanghai University and Utopia University.

第一章
大夏大学（1924—1951）

大夏大学创办于1924年6月1日，是一所被誉为"东方哥伦比亚大学"的综合性私立大学。1924年6月，由同盟会元老王伯群和从厦门大学脱离出来的欧元怀、王毓祥、何纵炎等师生在上海发起创建。校名既表新校由厦大嬗变而来，又寓"光大华夏"之意。大夏以"自强不息"为校训，倡导教师苦教、学生苦学、员工苦干的"三苦精神"，以及"师生合作""教育救国""牺牲精神""创造精神"的办学原则。

大夏校园几经变迁，1929年起陆续在中山路购地300余亩建设校园。1937年淞沪会战爆发，大夏大学与复旦大学组成复旦大夏联合大学内迁。作为中国抗战时期的第一所联合大学，复旦大夏联合大学分为两部分，第

一联大设庐山,第二联大设贵阳。1938年春,联大分立,以贵阳之第二联大为大夏大学。

大夏长期设有文、理、法、商、教育五个学院,是当时上海规模最大、系科完备的大学之一。建校后,马君武、王伯群、欧元怀等先后任校长,延聘夏元瑮、郭沫若、田汉、刘湛恩、邵家麟、吴泽霖、邵力子、马宗荣、朱公谨、孙德谦、王蘧常、朱经农、李石岑、何炳松、谢六逸、吴泽、翦伯赞、周昌寿和姚雪垠等一批著名学者到大夏任教。

大夏建校27年,共培养学生近20000人,其中包括两院院士(学部委员)刘思职、郭大力、周扬、陈子元、胡和生、李瑞麟、刘伯里,著名学者王元化、马承源、陈旭麓、孙亢曾,儿童文学家陈伯吹、任溶溶,翻译家戈宝权,电影导演陈鲤庭、谢晋,政治活动家吴亮平、冯白驹、杜星垣、叶公琦、华联奎、徐惟诚等一批杰出校友。

历任董事长

王伯群
（任期 1924-1942）

名文选，字伯群，贵州兴义人。民主革命先驱、政治家、著名教育家。曾任南京国民政府交通部部长，大夏大学首任董事长。

孙　科
（任期 1942-1949）

字连生，号哲生，广东中山人。政治家。曾任南京国民政府行政院长，大夏大学第二任董事长。

王志莘
（任期 1949-1951）

原名允令，上海浦东人。金融家、经济学家。曾任上海证券交易所总经理，大夏大学第三任董事长。

历任校长

马君武
（任期 1924-1927）

名和，字君武，广西桂林人。政治活动家、著名教育家。大夏大学首任校长。

王伯群
（任期 1927-1944）

名文选，字伯群，贵州兴义人。民主革命先驱、政治家、著名教育家。大夏大学第二任校长。

欧元怀
（任期 1944-1951）

名元怀，字愧安，福建莆田人。著名教育家。大夏大学第三任校长。

校训 校徽 校旗 校歌

▲ 校训

▲ 校徽

▲ 校旗

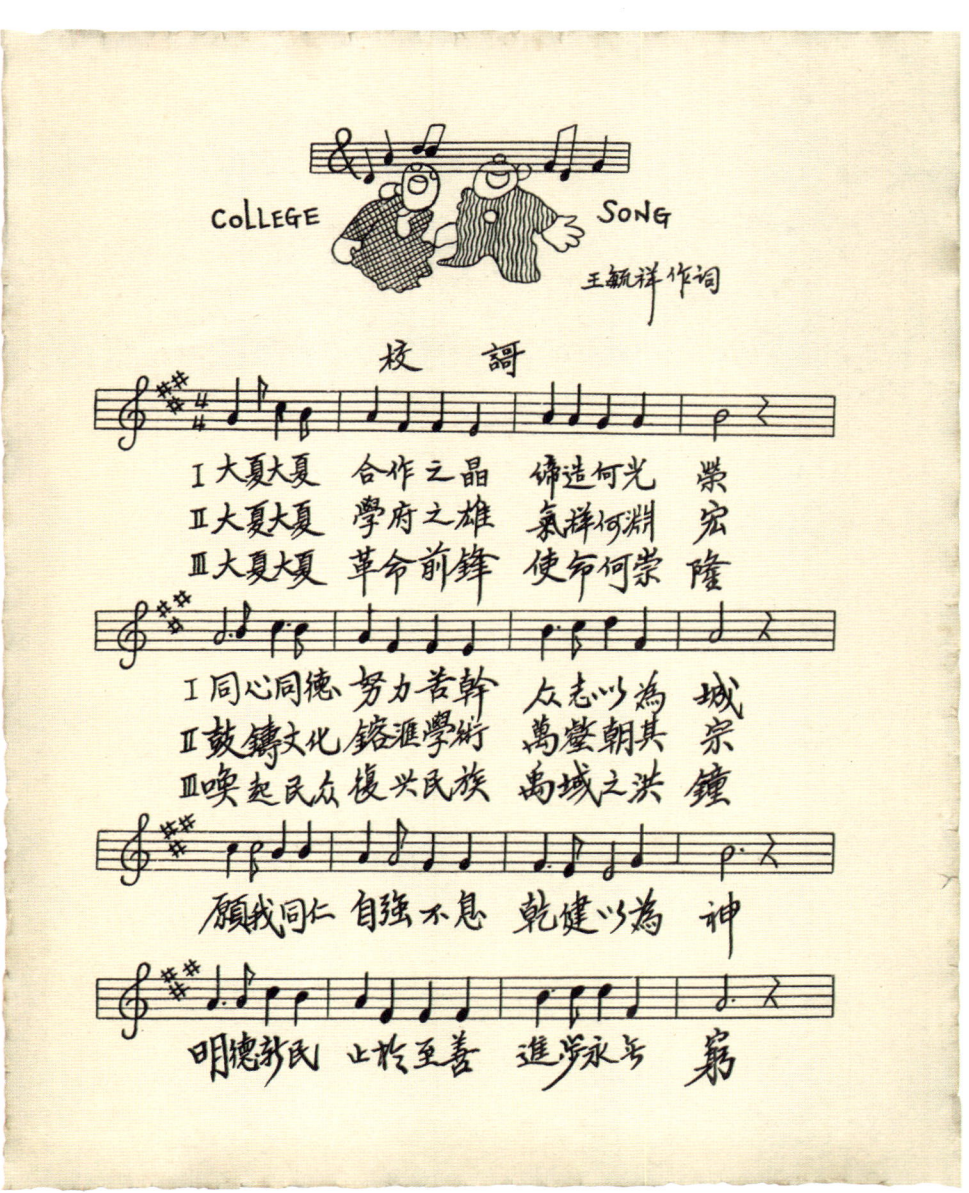

▲ 校歌

校园变迁

▲ 建校初期,大夏大学在槟榔路(今安远路)租借民房作为校舍。

◀ 1925年5月,大夏大学租地建设胶州路校舍。

▲ 1929年起,大夏大学在中山路(今中山北路)购地300余亩,建设一批教学楼与宿舍。图为1930年代大夏大学校区鸟瞰图。

▲ 1930年，中山路校区校门。

▲ 1934年，图书馆。

▲ 1946年，思群堂。

▲ 1930年代，群贤堂。

▲ 1937年10月,复旦大夏第二联合大学筹备人员在庐山图书馆合影(前排左四为王伯群校长)。

▼ 1937年11月,复旦大夏第一联合大学在江西庐山正式开课。图为校门。

▲ 1946年9月,大夏师生离黔返沪时在赤水举行迁校纪念碑揭幕仪式。

▲ 1938年至1944年，大夏大学贵阳校门（原贵州陆军讲武堂）。

▲ 1939年至1945年，大夏大学沪校校址静安寺路（今南京西路）1051号。

▲ 1941年，大夏大学港校校址（原坚弥地道圣保罗女书院）。

群贤毕至

▲ 1930年，王伯群校长（前排右四）与大夏大学校务委员会委员合影。

夏元瑮（1883-1944）

字浮筠，浙江杭州人。著名物理学家。长期担任大夏大学教授、理学院院长、教务长等职。

郭沫若（1892-1978）

四川乐山人。中国现代著名诗人、文学家、历史学家。曾任大夏大学国文教授。

刘湛恩（1896-1938）

湖北阳新人。教育家、社会活动家。曾任大夏大学教育学教授。

吴泽霖（1898-1990）

江苏常熟人。著名社会学家。长期担任大夏大学教授、社会学系主任、文学院院长、教务长等职。

田汉（1898-1968）

湖南长沙人。著名剧作家、戏曲作家、电影编剧，国歌《义勇军进行曲》词作者。曾任大夏大学国文教授。

邵家麟（1899-1983）

浙江吴兴人。著名化学家、院士。长期担任大夏大学理学院院长、教务长等职。

英才辈出

冯白驹（1903-1976）

海南琼山人。中国共产党卓越的军事领导人。1925年入大夏大学国文系。

郭大力（1905-1976）

江西南康人。著名经济学家、中国科学院社会科学学部学部委员、《资本论》中文全译本首译者之一。1924年入大夏大学社会学系。

陈伯吹（1906-1997）

江苏宝山（今属上海）人。著名儿童文学家。1937年入大夏大学教育学院。

吴亮平（1908-1986）

浙江奉化人。马克思主义理论家、《反杜林论》翻译第一人。1924年入大夏大学商科。

周扬（1908-1989）

湖南益阳人。现代文艺理论家、中国科学院社会科学学部学部委员。1926年入大夏大学高等师范专修科英文系。

胡和生（1928-）

上海人。著名数学家、院士，长期从事微分几何研究。1946年入大夏大学数理系。

第二章
光华大学（1925—1951）

　　光华大学创办于1925年6月3日，是一所被誉为"民族脊梁型的爱国学府"。1925年6月3日，圣约翰大学学生为声援五卅运动，在校园内升半旗为死难者致哀，遭美籍校长卜舫济反对。圣约翰大学及附中553名学生，孟宪承、钱基博等27名教师职员宣誓脱离圣约翰大学。在学生家长张寿镛、王丰镐等人支持下，离校师生创办中国人自己的大学——光华大学。光华最初以"知行合一"为校训，1930年后改为"格致诚正"。学校以培养高尚人格，激发国家观念为宗旨，倡导读书运动与爱国运动。

　　光华是一所综合性私立大学，长期设有文、理、商三个学院。光华附中是当时上海最好的三所中学之一。抗战期间，光华在上海租界内辗转迁徙，

努力维持。1938年春,在大西南设立光华大学成都分部。1941年日军侵占租界后,光华坚持民族气节,拒绝向汪伪登记,一度隐去校名,改组为学社。

光华大学有"爱国兴学"的崇高社会名望,吸引了胡适、徐志摩、钱基博、吕思勉、廖世承、潘光旦、张东荪、王造时、张歆海、蒋维乔、薛迪靖、谢霖、吴梅、韩湘眉、罗隆基、彭文应、章乃器、叶圣陶、黄炎培、萧公权等著名学者前来任教。光华大学办学26年,培养了14000余人,其中包括两院院士(学部委员)张青莲、邓拓、林华,知名学者周有光、张芝联、杨宽,作家周而复、田间、穆时英,出版家赵家璧、储安平,政治活动家姚依林、乔石、尉健行、汪道涵等一批杰出校友。

▲ 1925年6月3日,圣约翰大学学生因升旗悼念"五卅惨案"死难同胞与校方发生冲突。孟宪承、钱基博等大批师生宣誓脱离圣约翰大学,另行筹备光华大学。图为"六三事件"现场。

▼ 1925年9月,光华大学举办开学典礼。

历任董事长

王丰镐
（1858-1933）

字省三，号木堂，上海人。曾任浙江交涉使，光华大学首任董事长。

虞洽卿
（1867-1945）

名和德，字洽卿，以字行，浙江镇海人。曾任上海总商会会长、上海证券物品交易所理事长，光华大学董事长。

翁文灏
（1889-1971）

字詠霓，浙江宁波人。地质学家。曾任国民政府行政院院长，光华大学董事长。

历任校长

张寿镛
（任期：1925-1945）

字詠霓，号伯颂，别号约园，浙江宁波人。著名藏书家、财政经济家、教育家。光华大学首任校长。

朱经农
（任期：1945-1949）

名有钘，又名经，字经农，上海宝山人。著名教育家。光华大学创办人之一，第二任校长。

廖世承
（任期：1949-1951）

字茂如，上海嘉定人。著名教育家、心理学家。光华大学第三任校长。

校训 校徽 校歌

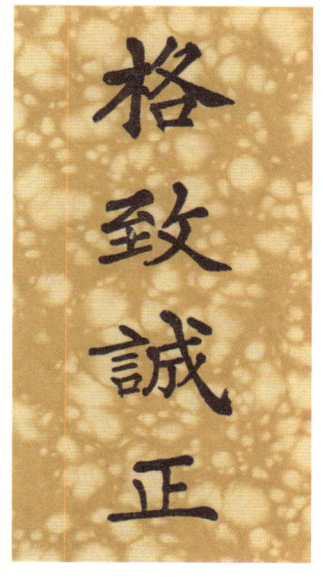

▲ 校训

▲ 校徽

▲ 校歌

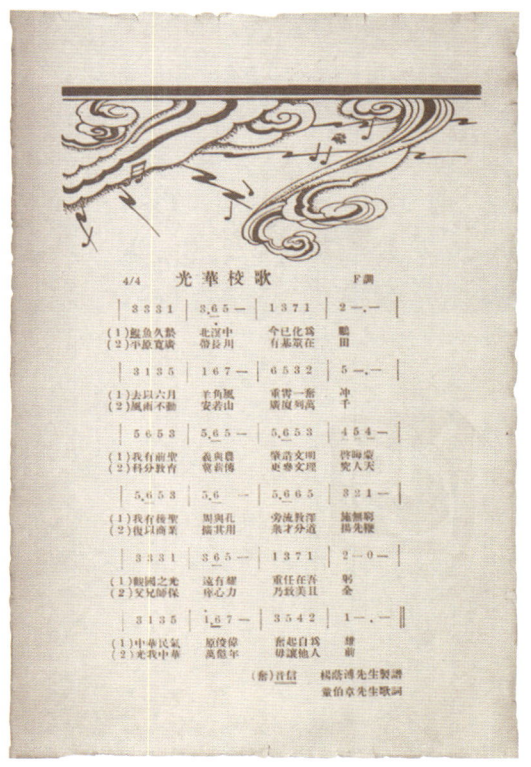

▲ 校歌

校园变迁

▲ 1925年，霞飞路（今淮海中路）校门。

▲ 丰寿堂

中山路（今中山西路）校门 ▲

▲ 1930 年代，光华大学校园全景。

抗战期间，光华大学在上海租界内辗转迁徙，努力维持。日军侵占租界后，光华大学拒
院改为诚正文学社，理学院改为格致理商学社，附中改为壬午补习社。右图上下依次为光华大
沪校白克路（今凤阳路）临时校舍、抗战胜利后的欧阳路校门。

为登记，一度隐去校名，文学
西路校园被毁场景、光华大学

▲ 1938年,光华大学在四川成都开设分部。图为成都分部建筑工程破土典礼。

光华大学成都分部校门 ▲

光华大学成都分部临时图书馆 ▲

群贤毕至

▲ 张寿镛校长（前排右五）、蒋维乔（前排右六）、钱基博（前排右七）、吕思勉（前排右四）与光华大学中国语文学会同学合影。

吕思勉（1884-1957）

字诚之，江苏常州人。近现代四大著名史学家之一。曾任光华大学国学、历史学教授，光华大学代校长。

谢霖（1885-1969）

字霖甫，江苏武进人。中国第一位注册会计师，第一家会计师事务所创办者。曾任光华大学商学院院长、副校长，主持成都分部。

钱基博（1887-1957）

字子泉，江苏无锡人。著名古文学家、教育家。曾任光华大学文学院院长、国文系主任。

胡适（1891-1962）

字适之，安徽绩溪人。著名思想家、文学家、哲学家。曾任光华大学哲学教授。

徐志摩（1897-1931）

浙江海宁人。著名现代诗人、散文家。曾任光华大学英文教授。

朱公谨（1902-1961）

字言钧，浙江余姚人。著名数学家。曾任光华大学数理系教授、副校长、代校长。

英才辈出

周有光（1906-2017）

江苏常州人。著名语言学家。1925年入光华大学商科。

邓拓（1912-1966）

福建闽侯人。著名新闻工作者、政论家、历史学者。1929年入光华大学政治法律学系。

林华（1913-1997）

江苏无锡人。著名化工学家、中国工程院院士。1932年入光华大学化学系。

汪道涵（1915-2005）

安徽嘉山（今明光市）人。曾任中共上海市委书记、上海市市长、海峡两岸关系协会会长、中顾委委员等职。1937年入光华大学理学院数理系。

乔石（1924-2015）

浙江定海人。曾任全国人大常委会委员长、中共中央政治局常委等职。1946年入光华大学附属中学。

尉健行（1931-2015）

浙江新昌人。曾任十五届中央政治局常委、中央书记处书记，十四大、十五大当选中纪委书记等职。1947年入光华大学附属中学。

第三章

圣约翰大学（1879—1952）

　　圣约翰大学成立于1879年，初名圣约翰书院，是在中国创设最早、历史最悠久的教会大学之一，是中国第一所现代意义上的大学，有"东方哈佛"之誉。1891年成立大学部，1906年改称圣约翰大学。1952年9月，在全国院系调整中停办，其理学院（数学、物理、化学、生物系）、教育系、中文系和政治系等38名教职工、128名学生，以及图书馆主体11万册藏书、众多生物标本和科学仪器并入华东师范大学，为并入院校学生最多的学校，成为华东师大创建发展的主要基础之一。

圣约翰大学办学73载,以英文"LIGHT & TRUTH"和中文"学而不思则罔,思而不学则殆"为校训,在办学中倡导"自由教育"(Liberal Education),强调全面的通识教育,倡导文理兼容,德智体美四育并进,以造就完善国民为宗旨,使学生"以国利民富为前提,以克己自治为本领"。作为最早在中国传授西方近代科学知识的学校,圣约翰大学一直维持着较高的教学水准。

圣约翰大学在社会上具有极高声望,共培养学生10000余人,其中包括顾维钧、邹韬奋、林语堂、荣毅仁、贝聿铭、刘鸿生、周治春、颜福庆、吴宓、严凤霞、高尚全等一批杰出校友。

部分校长

卜舫济
（1864-1947）

美国纽约人。曾长期担任圣约翰大学校长（1888—1941）、名誉校长（1941—1947）。

涂羽卿
（1895-1975）

湖北黄冈人。著名物理学家。圣约翰大学校长（1946—1948）。

杨宽麟
（1891-1971）

上海人。著名建筑学家。曾任圣约翰大学土木工程学院院长、校政（务）委员会主任（1949—1950）。

校训校徽

校园建筑

圣约翰大学校门（今万航渡路1575号）▲

▲ 科学馆（理科实验室）

▲ 西门堂（1952年至1954年，华东师范大学分部在此办学）

▲ 罗氏图书馆

群贤毕至

赵修鸿（1896-1969）

字伯达，上海人。曾任圣约翰大学物理学教授、物理系主任、教务长、代理校长。

朱元鼎（1896-1986）

浙江鄞县人。著名鱼类学家、中国鱼类学奠基人、水产教育家。曾任圣约翰大学教授、生物系主任、理学院院长。

倪葆春（1899-1997）

浙江诸暨人。著名医学家、中国整形外科先驱。曾任圣约翰大学医学院院长。

冀朝鼎（1903-1963）

山西汾阳人。著名经济学家。曾任圣约翰大学经济学教授。

徐怀启（1905-1980）

安徽含山人。著名基督教史、西方哲学史专家。曾任圣约翰大学哲学教授。

魏宗舒（1912-1966）

上海人。著名统计学家。曾任圣约翰大学数学系教授。

英才辈出

顾维钧（1888-1985）

字少川，江苏嘉定（今上海嘉定）人。中国近代著名外交家、社会活动家。1901年入圣约翰大学。

邹韬奋（1895-1944）

江西余江人。著名记者、出版家。1917年毕业于圣约翰大学文科。

林语堂（1895-1976）

福建龙溪人。现代著名作家、翻译家、语言学家。1916年毕业于圣约翰大学外文系。

荣毅仁（1916-2005）

江苏无锡人。曾任中华人民共和国副主席。1937年毕业于圣约翰大学历史系。

贝聿铭（1917-2019）

生于广州，祖籍苏州。著名建筑师、美国艺术与科学院院士、中国工程院外籍院士。1935年毕业于圣约翰大学附属中学。

严凤霞（1931-）

浙江定海人。1948年入圣约翰大学化学系。曾任华东师范大学党委书记。

第四章

华东师范大学成立

新中国成立后，为适应社会主义高等教育事业发展需要，中央教育部决定在华东地区成立一所学科齐全、高水平的师范大学。1951年7月17日，中央教育部批准筹备成立华东师范大学，主要以大夏大学、光华大学的文理科为基础，同时调入同济大学动物系、植物系，复旦大学教育系，沪江大学音乐系，以及东亚体育专科学校。1951年10月16日，华东师范大学正式宣布成立。

　　1951年11月30日，中央教育部任命华东教育部部长孟宪承兼任华东师范大学校长，孙陶林、廖世承为副校长。1951年9月，成立中共华东师范大学支部，张波任支部书记。1952年2月，成立中共华东师范大学委员会，周抗任党委书记。

　　根据国家师范生培养需要，1951年学校设置11个系：教育、中文、外文、历史、地理、数学、物理、化学、生物、音乐、体育。1952年，圣约翰大学理学院（数学、物理、化学、生物系）、教育等系，浙江大学地理系，以及沪江大学、大同大学、震旦大学教育系调入华东师大，进一步充实了办学力量。

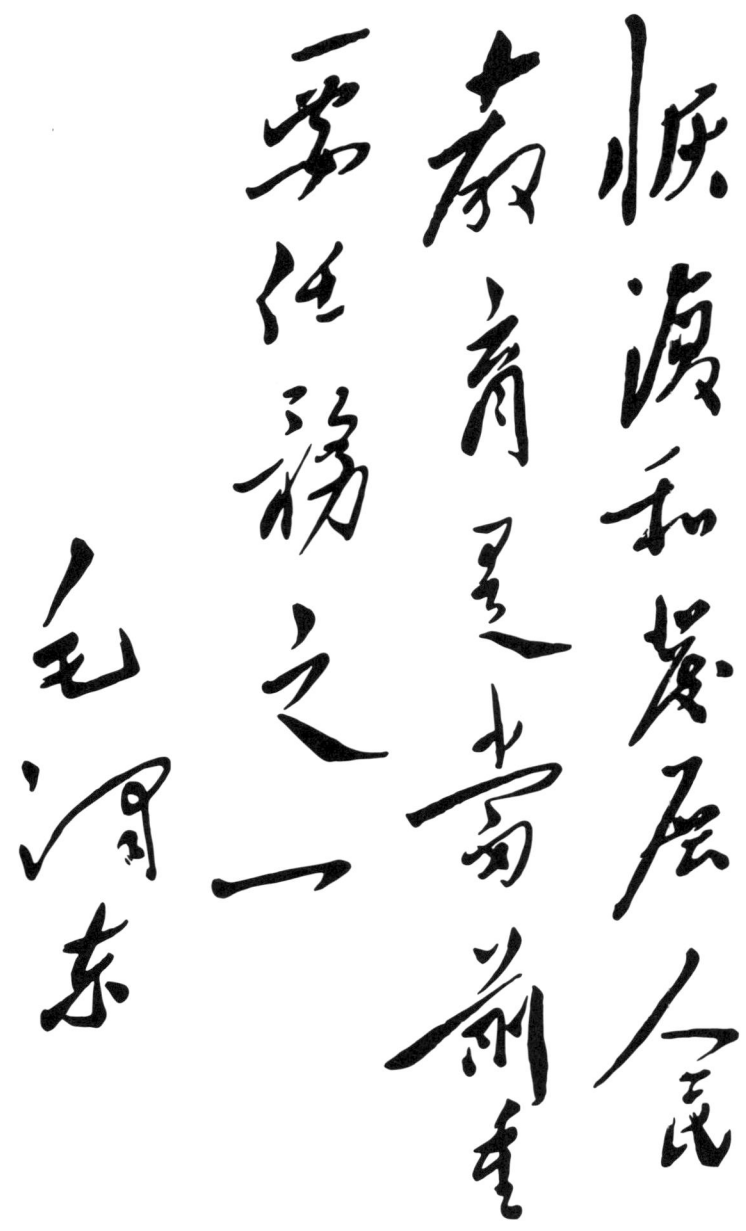

▲ 1950年,毛泽东主席提出"恢复和发展人民教育是当前重要任务之一"。次年,第一次全国初等教育和师范教育会议决定,在各大行政区分别建立一所学科齐全、高水平的师范大学,华东师范大学应运而生。

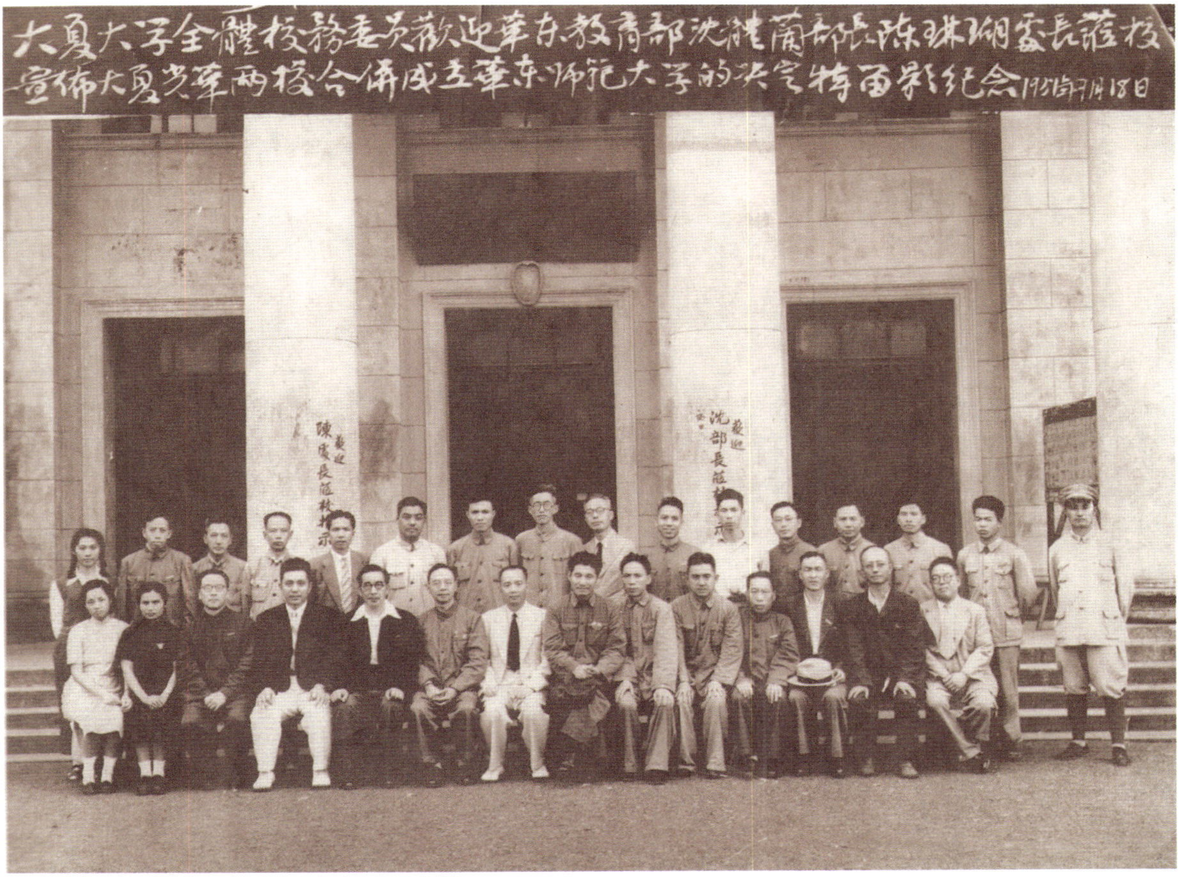

▲ 1951 年 7 月 18 日，华东教育部副部长沈体兰（前排左六）、唐守愚分别前往大夏大学、光华大学宣布两校合并成立华东师范大学。

筹备委员会人员名录

陈琳瑚 曹未风 凌 彦 刘佚任 刘佛年

欧元怀 邵家麟 黄敬思 吴 泽 陈旭麓 程俊英 黄健霨

廖世承 吕思勉 姚舜钦 朱有瓛 张祖培 薛迪符 朱世和

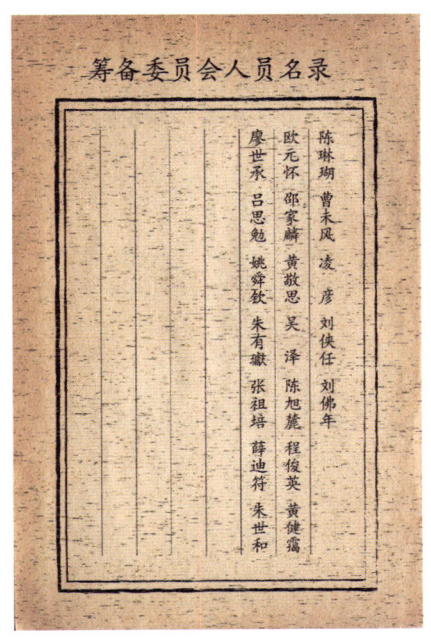

▲ 1951 年 7 月 24 日，华东师范大学筹备委员会成立。

華東師範大學暫行規程（草案）

第一章 總綱

第一條：根據中央人民政府教育部的指示，華東軍政委員會教育部以光華大學、大夏大學兩校為基礎，成立本校，並將復旦大學教育系、同濟大學動物系和植物系、滬江大學音樂系和東亞體育專科學校併入本校，以集中力量，培養中等學校師資。

第二條：本校除根據高等學校暫行規程外，並遵照高等師範學校的規定辦理。

第三條：本校的任務是根據新民主主義教育方針，以理論与實際一致的方法，培養具有馬克斯列寧主義和馬克斯列寧主義与中國革命實際結合的毛澤東思想的基礎、高級文化与科學水平、教育的專門知識与技能，全心全意為人民教育事業服務的中等學校（包括中學、工農速成中學、業餘中學、師範學校及各類中等專業學校）師資。

第四條：本校由華東教育部直接領導。

第五條：本校設中國語文、外國語文、歷史、地理、數學、物理、化學、生物、教育、體育、音樂等系及體育專修科。

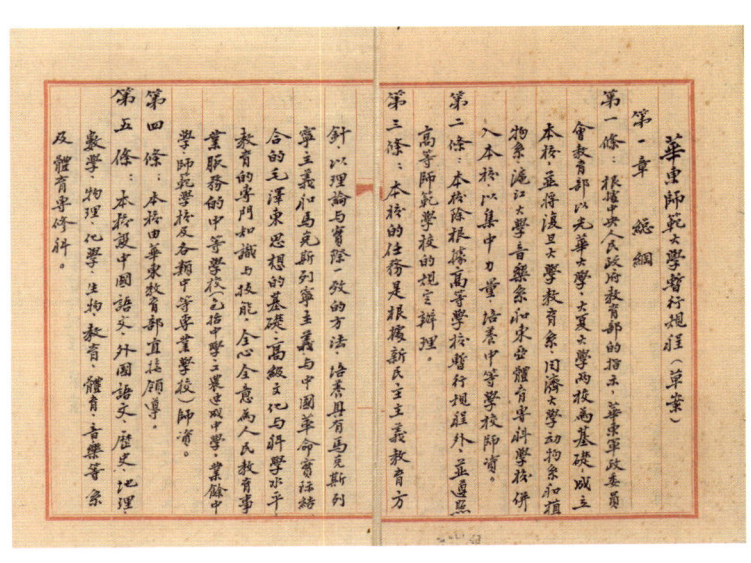

▲ 1951 年，《华东师范大学暂行规程（草案）》。

1951年7月25日,《光明日报》报道华东师范大学成立。

▲ 1951年10月16日,《华东师范大学成立暨开学典礼纪念特刊》出版。

1951年10月16日，华东师范大学举行成立暨开学典礼。

华东教育部部长孟宪承宣布华东师范大学正式成立

▲ 1952年9月，圣约翰大学理学院、教育系、部分中文系，浙江大学地理系，以及沪江大学、大同大学、震旦大学教育系调入华东师范大学。上图为华东师范大学举行院系调整后到校报到师生欢迎仪式，下图为欢迎院系调整来校师生大会。

1951年华东师范大学系科设置一览表

系别	系主任	教师人数	教授人数
教育系	刘佛年（兼）	22	16
中文系	许 杰	16	11
外文系	周煦良	13	5
历史系	吴 泽	12	9
地理系	苗迪青（代）	5	2
数学系	施孔成（代）	5	1
物理系	蔡宾牟（代）	8	1
化学系	邵家麟（兼）	12	5
生物系	王志稼	21	8
音乐系	应尚能	20	6
体育系	吴邦伟（代）	16	5

▲ 根据国家师范生培养需要，1951年学校设置教育、中文、外文、历史、地理、数学、物理、化学、生物、音乐、体育等11个系。图为1951年系科设置一览表。

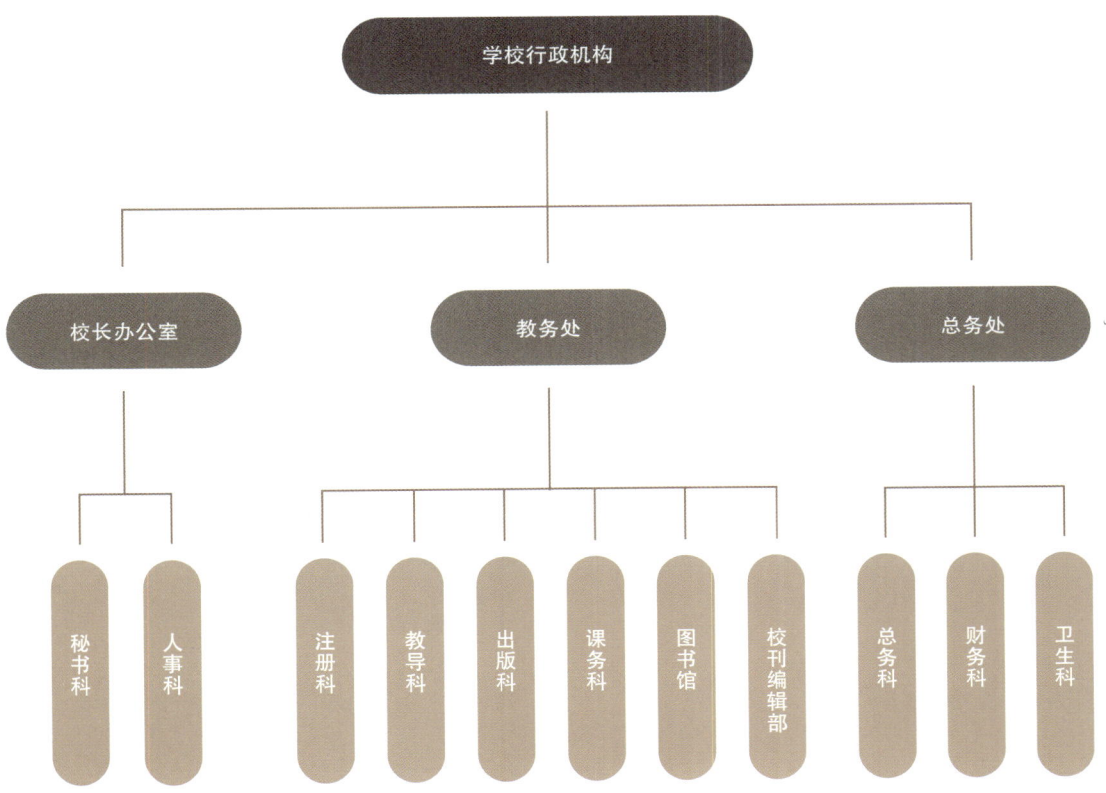

▲ 1951年11月30日，中央教育部任命华东教育部部长孟宪承兼任校长，孙陶林、廖世承为副校长。图为学校行政机构设置。

第二篇 矩范良师

探索新型社会主义师范大学（1952—1977）

华东师范大学成立后，秉承"自强不息""格致诚正"的精神和学思结合、中外汇通的传统，追求"智慧的创获，品性的陶镕，民族和社会的发展"的大学理想，推动教学改革，开展科学研究，发展成为全国重点大学。

CULTIVATING EXEMPLAR TEACHERS

Exploring the Construction of a New Model of Socialist Normal University (1952-1977)

Ever since its founding, East China Normal University, while inheriting the tradition and spirit of its predecessors, has pursued the ideal of "Creativity, Character, Community", focusing on promoting teaching reform and scientific research. It is now one of the key universities in China.

第五章

中共中央指定全国重点大学

　　为满足国家教育事业发展需要，华东师大通过合并组建和院系调整，基本完成了师范性的定位与学术性的确立，逐渐成为一所国内领先的师范大学。

　　1957年2月，中共华东师范大学召开第一次代表大会，进一步提出

要"调整各方面的关系，调动一切积极因素，为提高教学质量与科学研究水平而斗争"。1959年3月22日，中共中央发布《关于在高等学校中指定一批重点学校的决定》，华东师范大学被指定为全国重点高等学校，成为全国16所重点大学之一。同年5月26日，学校制定《华东师范大学1959-1969年师资培养规划》，规划指出，由于已经被国家确定为重点大学，今后的任务主要是培养中学骨干教师和高师师资，因此必须积极提高教师的思想政治水平和业务水平，从数量和质量上保证上述任务的完成。由此，华东师大作为一所新型的多科性重点师范大学，进入了发展的新时期。

▲ 1957年2月8日,中国共产党华东师范大学第一次代表大会召开。大会提出"调动一切积极因素,为提高教学质量与科学研究水平而斗争"。

1959年3月22日,中共中央发布《关于在高等学校中指定一批重点学校的决定》,华东师范大学被指定为全国重点高等学校,成为全国16所重点大学之一。▼

中共中央关于在高等学校中指定一批重点学校的决定
一九五九年三月二十二日

（一）高等教育的发展，是我国所极为需要的。但是，在目前师资不足、设备不全、学生来源不多的情况下，高等教育的大发展，可能招致高等教育质量的降低。为了既能发展高等教育，又能防止平均使用力量，招致高等教育质量的普遍降低，和为了便于将来逐步提高高等教育的质量起见，从现有的比较有基础的高等学校中，指定少数学校，从现在起就采取措施，着重提高教育质量，是必要的。为此，指定下列十六个高等学校为全国重点学校：

北京大学	清华大学	北京工业学院
中国人民大学	天津大学	北京航空学院
复旦大学	上海交通大学	北京农业大学
中国科学技术大学	西安交通大学	北京医学院
上海第一医学院	<u>华东师范大学</u>	北京师范大学
哈尔滨工业大学		

（二）上列学校，从现在起，即应着重提高质量，非经中央同意不得再扩大学校规模，不得增加在校学生数目和增设科系。在招生时，应保证新生具有较好的政治条件、文化水平和健康条件。在办学中仍应遵守精简机构和勤俭办学的原则，不得铺张浪费。

（三）上列重点学校，必须招收和认真培养研究生，适当地担负高等学校教师进修的任务，同其他学校交换教材、交流教学经验等等，以这些方式为提高全国高等教育的质量服务。

（四）上列重点学校，其领导关系照旧不变。

（五）重点高等学校的名单，供内部掌握，不公开宣布。

第六章
全面学习苏联教育经验

在办学实践中,华东师大形成了"好学上进,尊师重纪,热爱劳动,艰苦朴素,为人师表"的良好校风。自1951年建校至1966年,华东师大为国家培养了12580名全日制大学毕业生、799名毕业研究生、3000余名业余大学毕业生。

1951年，全校共有学生1032人，其中各校并入学生698人，暑假新招收学生344人。1952年9月，首届本科生毕业。1952年8月，华东师大开始全面学习苏联教学经验，探索教学改革，先后聘请杰普利茨卡娅（教育学家）、祖波夫（自然地理学家）、莎巴丽娜（植物地理学家）、列别捷夫（生物学家）、波伐良也夫（历史学家）、居林（化学家）等6位苏联专家到校工作，参与教学改革、教材讲义编写、人才培养等工作。

1953年4月，受教育部委托，学校举办相当于研究生班的"中国革命史师资训练班"。1953年10月，中央教育部指定学校在教育学、普通自然地理、数学分析、普通物理、分析化学、动物学、植物学等7个专业开设研究生班。学校研究生教育从此正式开始。1953年至1966年，学校共招收研究生845名，毕业799名。1965年6月，根据全国留学生工作会议精神，华东师大开始招收外国留学生。

▲ 1952年8月,华东师大开始全面学习苏联教学经验,探索教学改革,先后聘请6位苏联专家到校工作。图为苏联专家杰普利茨卡娅在指导教学。

▲ 孟宪承校长为教育史研究生班讲课

▲ 1955年，地理系第一届普通自然地理研究生班(1953—1955)师生合影。中排左四为苏联专家祖波夫，左五为李春芬。

▼ 1956年5月1日，校党委书记常溪萍（左一）、校长孟宪承（右四）等与苏联专家。

▲ 1951年至1966年，学校培养了12580名全日制大学毕业生、799名毕业研究生、3000余名业余大学毕业生。图为1952年9月首届毕业生留影。

◀ 1953年，中央教育部指定华东师大在教育学等7个专业开设研究班。图为1955年9月首届研究生毕业合影。

▲ 为提高师资水平,学校开始选派师生赴苏联学习。图为1953年9月选派的第一批赴苏联留学进修师生。

1965年6月,根据全国留学生工作会议精神,华东师大开始招收留学生。图为1965年8月学校师生列队欢迎留学生前来报到。▶

▲ 1964年，学校物理系五年级形成"物五学风"，成为华东师范大学好学上进校风的代表。

第七章
首次开展教师级别评定

　　1951年至1956年，华东师大教师人数从建校时的131人增加到643人。1959年起，学校研究生由二年制改为三年制。1960年本科由四年制改为五年制。随着本科和研究生学制的延长以及各项事业不断发展，教职工人数迅速增多。至1966年，学校建立起一支900多人的教师队伍，为建校初期的7倍。

　　华东师大师资培养工作起步较早。1952年，《教学改革工作计划试行草案》就明确提出培养与提高师资的任务，其中师资培养的重点首先是大

力培养现有助教,要求助教一般在两三年内都能开课;其次是组织教师运用速成方法学习俄文;第三是成立马列主义夜校,进行有系统的马列主义理论学习。1960年,为加强骨干教师培养,提高教师与干部的政治与业务水平,学校成立红专学院,先后开设政治学习班、业务学习班、外语学习班。1961年到1963年间,学校先后三次对现有师资队伍进行了系统摸底,制定实施《关于调动教师的积极性,大力培养和提高教师水平的几项规定》。

  为加强教师队伍建设,1955年5月,华东师大开展首次教师级别评定。这次评定采取自上而下的原则、领导与群众相结合的办法逐步展开。全校成立校评议委员会,下设工作组,各系建立评议委员会分会,依据现任职务、学术水平、工作态度、思想作风等进行评审。1956年4月1日,评定工作结束,经教育部审定,共评出一级教授孟宪承、吕思勉2人,二级教授刘佛年、张耀翔等24人,三级教授冯契、陈涵奎等29人。

一级教授

孟宪承
教育学

吕思勉
历史学

二级教授

刘佛年
教育学

张耀翔
心理学

萧孝嵘
心理学

吴泽
历史学

李平心
历史学

孙泽瀛
数学

张开圻
物理学

郑一善
物理学

许国保
物理学

张宗汉
生物学

薛德焴
生物学

张作人
生物学

1956年4月1日,教师级别评定工作结束,经教育部审定,共评出一级教授孟宪承、吕思勉2名,二级教授刘佛年、张耀翔等24名,三级教授冯契、陈涵奎等29名。

许杰 文学

徐震堮 文学

周煦良 文学

钱端壮 数学

程其襄 数学

李锐夫 数学

姚启钧 物理学

唐宁康 化学

王志稼 生物学

郑勉 生物学

李春芬 地理学

胡焕庸 地理学

第八章

坚持师范性与学术性相统一

建校初期，华东师大就提出要正确处理好师范性与学术性的关系，坚持师范性与学术性相统一，以凸显办学特色，并获得高水平研究成果，培养各类高质量人才。

1952年10月，华东师大成立研究部，推进科学研究工作。1955年，设立科学研究委员会。同年成立学报编辑委员会，出版《华东师大学报》。1956年，举行全校第一次科学讨论会、全校学生第一次科学讨论会，并成立学生科学研究协会。1957年，成立华东师范大学出版社，为当时全国高校两家出版社之一。

1957年9月,华东师大成立人口地理研究室和河口研究室。1958年,学校通过科研开辟一些新的学科分支和课程,新建一批专业和专门化教学小组,同时陆续建立教育科学研究室和电子学、原子物理、固体物理、光学等一大批理科研究室及一些专业实验室,广泛深入地开展学术研究活动。1960年,成立教育科学研究所。1963年至1964年,先后成立河口海岸研究室、西欧北美教育研究室、西欧北美经济地理研究室等科研机构。

　　华东师大努力促进科研积极性与学术交流,涌现出一批引起学术界广泛重视的科研成果。从1954年开始,为鼓励教师开展科学研究,组织出版《华东师范大学学习研究丛刊》。1961年4月,全国高校文科和艺术院校教材选编计划会议召开,学校承担《教育学》《中国古代教育史》等教材和教学参考资料的编写任务。1964年至1966年,学校相关科研成果先后参加全国工业新产品展览会与教育部首届高校科研成果展览会、教育部直属高校科研生产展览会、全国仪器仪表新产品展览会并多次获奖。

1956年1月31日,学校举行第一次科学讨论会。图为教育系分组会。▼

1956年6月2日,华东师范大学举行学生第一次科学讨论会。▲

中華人民共和國教育部

[illegible]字第 161 号

批复华东师范大学建立人口地理研究室計划（草案）問題

华东师范大学：

1957年6月4日你校師研字第548号文[illegible]。关于你校所报成立人口地理研究室計划（草案）問題，我部基本同意。但人口地理研究是我国的一项重要研究任务，应取得有关方面配合。为此曾和中国科学院地学部联系。他們希望你校提出具体計划，以便对工作范圍，工作方法步驟等进行商討。因为人口地理研究工作范圍如不能正确拟訂，往往有失之太繁或举步过多，有慎重考慮的必要。如需地学部在工作上协助、合作，也希望提出具体意見。因此以后你校各年度計划除报国务院科学規划委員会与我部外，应同时送中国科学院地学部。再人口地图可与科学出版社或地图出版社协商，訂立出版合同，以节省經費。

关于57—58年度所需研究人員，应在我部核定你校本年下半年度达編制总人数内調剂解决，不同意另增加編制。所需經費因你校年度科学研究費业已确定，如有不足[illegible]。

1957年9月27日

抄送：国务院科学規划委員会、科学院地学部。

中華人民共和國教育部

[illegible]字第 162 号

复华东师范大学与中国科学院合作建立河口研究室問題

华东师范大学：

1957年7月29日你校師研字第815号文及附件收悉。关于你校与中国科学院合作建立河口研究室問題，我部同意。对于所附河口研究室工作計划，没有意見，茲将以下两个問題答复如下：

1.同意河口研究室人員列入你校編制，但需增加的人員，应在年末编达总人數内調剂解决，不另加編制，而本届毕业生分配計划在来文到部时，业已下达，不能再作变更。

2.应由你校負担的行政經費，可在我部核定你校1957年預算"科学研究費"目内开支，如尚不敷，俟調整年度預算时再行調整。

1957年9月27日

抄送：国务院科学規划委員会、科学院地学部。

◀ 1957 年 9 月 27 日，教育部批准华东师范大学成立人口地理研究室与河口研究室。

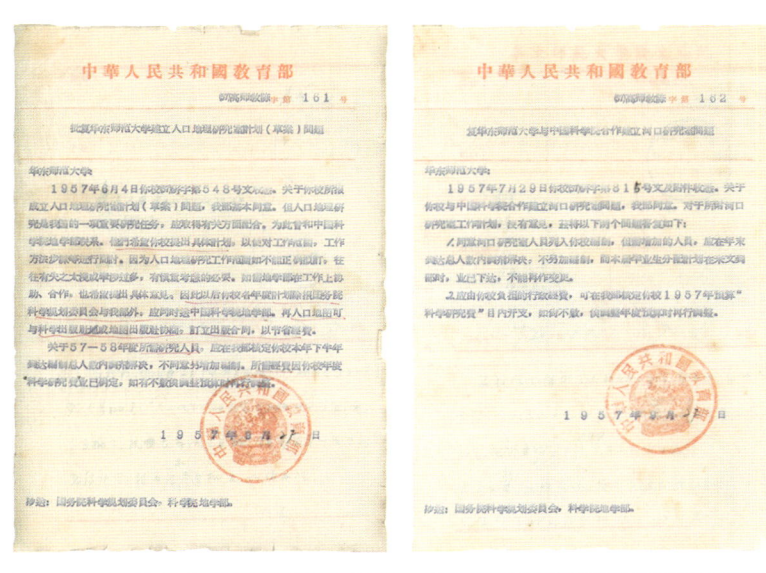

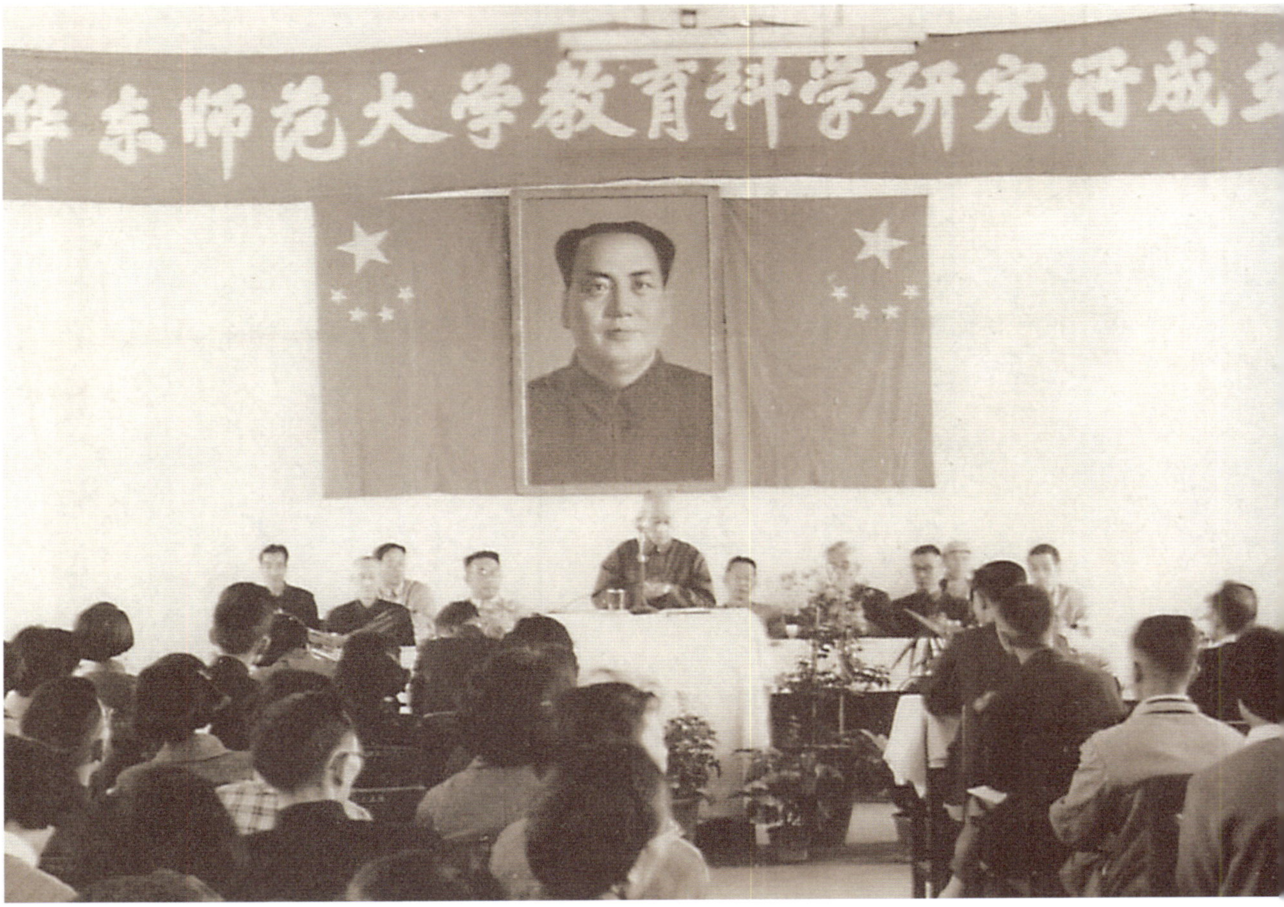

▲ 1960 年 10 月 23 日，华东师范大学教育科学研究所成立。

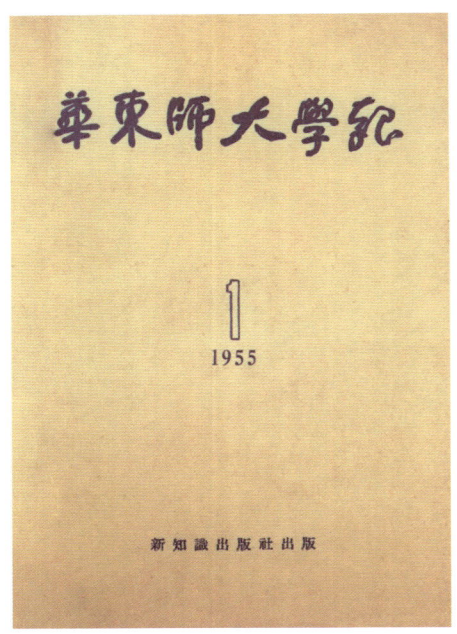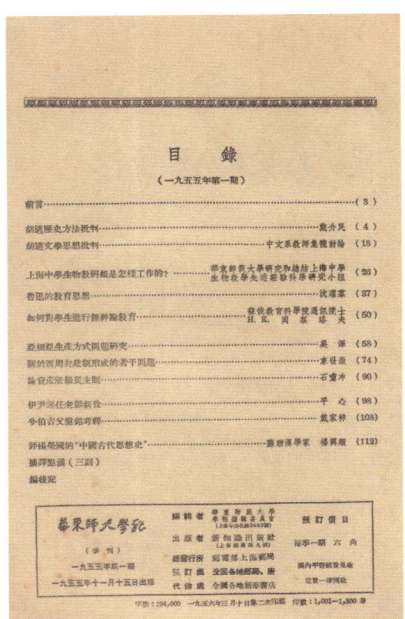

▲ 1955年,《华东师大学报》创刊。

▲ 1957年,经教育部和中央出版主管部门批准,华东师范大学出版社正式成立,为最早批准成立的两家大学出版社之一。图为出版社早期出版书籍。

▼ ▶ 1954年，毛泽东主席指示进行"二十四史"点校工程。图为学校古籍研究室负责点校的《二十四史》之《新唐书》《新五代史》。

1961年4月，根据全国高校文科和艺术院校教材选编计划会议要求，学校承担《教育学》《中国古代教育史》等教材和教学参考资料的编写任务。图为刘佛年教授主编的《教育学》（1979年版），该书是全国第一部教育学统编教材。▶

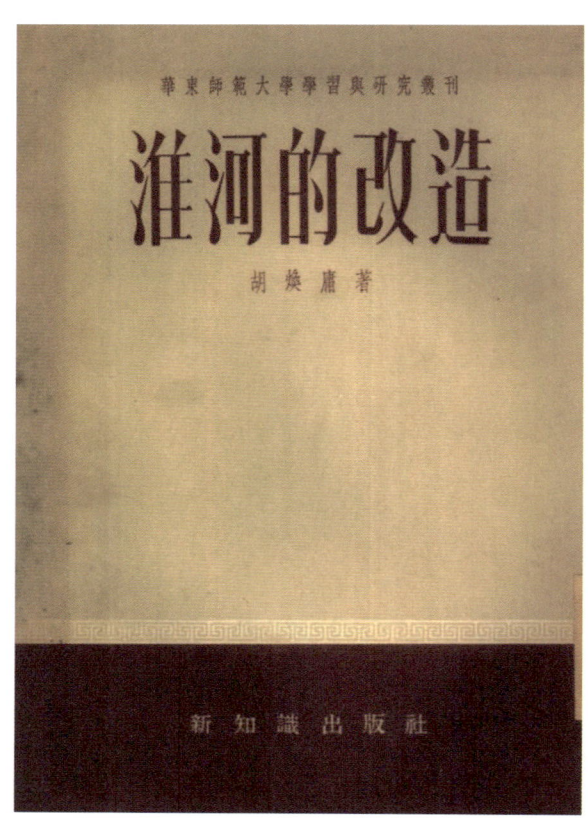

▲ 为响应毛泽东主席"一定要把淮河修好"的号召，地理系胡焕庸教授结合治淮实践于 1956 年出版《淮河的改造》。

▲ 1957 年，中文系钱谷融老师发表《论"文学是人学"》（原载《文艺月报》1957 年 5 月号，图为 1981 年版封面）。

致 林 克[1]

（一九六〇年）

林克同志：

冯契[2]著《怎样认识世界》一书，中国青年出版社印行，1957年出版，我想找四、五、六、七、八本送给同我接近的青年同志阅读。请你找一找。如找不到此书，则找别的青年人能够阅读的哲学书，要薄本小册子，不要大部头。

请你办一办，几天之内找来送我为盼！

毛泽东

根据手稿刊印。

注 释

〔1〕林克，当时是毛泽东办公室秘书。

〔2〕冯契，当时是华东师范大学政治教育系哲学教授、上海社会科学院哲学研究所副所长。

▲ 1960年，毛泽东主席向青年人推荐政教系冯契教授所著《怎样认识世界》。

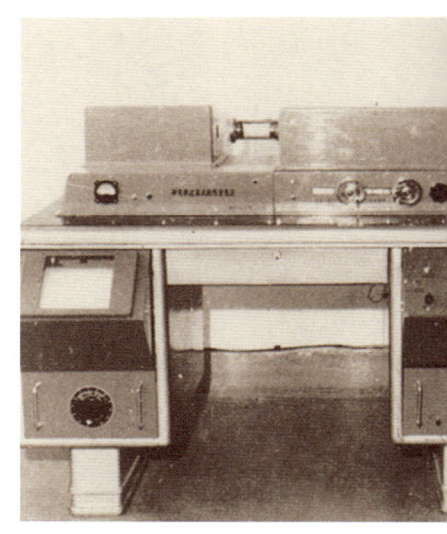

▲ 1964年,在全国工业新产品展览会与教育部首届高校科研成果展览会上,华东师大四项研究成果荣获三等奖,在全国师范院校中居领先地位。图为核磁共振波谱仪和红外分光光度计。

▲ 1970年,华东师大"671"科研组在国际上首先从海水中提取到30克铀,得到周恩来总理的高度评价。图为项目负责人陈邦林(左)在做实验。

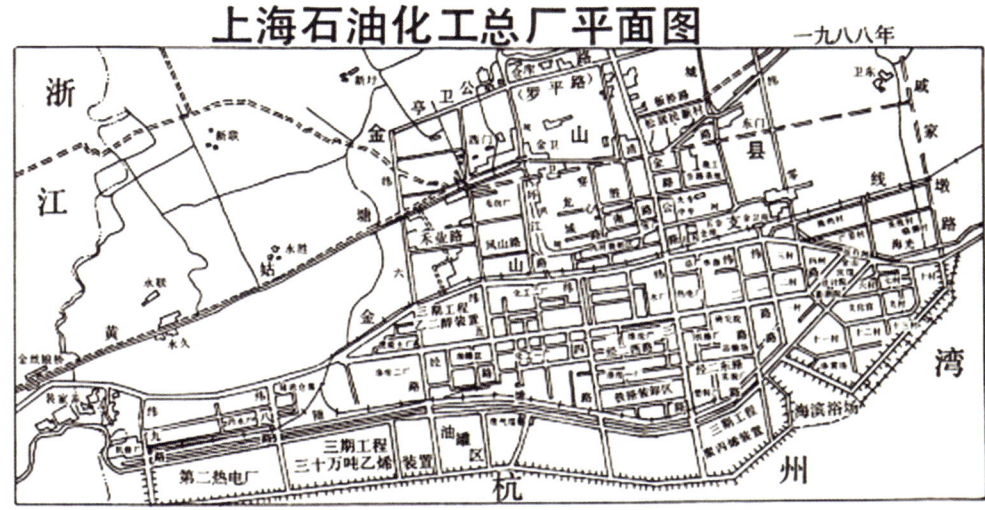

▲▼1973年，华东师大河口海岸研究组为上海石油化工总厂一期工程的陈山原油深水码头选址提供方案，被誉为"突破建港禁区"。图为上海石油化工总厂平面图以及工程验收大会。

第九章
探索多样化办学途径

华东师大除以全日制方式培养师资外，同时也根据国家需要拓展师资培养形式，通过函授、电视大学、半工半读等方式培养在职中学教师和半工半读中等师范学校师资。

1956年，华东师大率先在上海高校中成立函授部，针对未达到本科毕业水平的在职中学教师开展函授教育。函授教育学制四至五年，设有中文、数学、历史、地理、物理、化学、生物等7个与高中课程对应的专业，初期主要面向江浙沪地区，后扩展到华东六省一市。

1960年，华东师大在上海其他高校配合下创办上海电视大学（今上海开放大学），设置数学、物理、化学、中文4个专业，面向上海地区在职中学教师和部分工厂技术人员招生。从1956年到1966年，先后有3000余人参加函授与电视大学学习并顺利毕业，其中绝大部分毕业生成为各地区基础教育的骨干教师。

1964年，在国家提倡半工半读制度时，华东师大积极承担起培养半工半读中等师范学校师资的重担，成立上海半工半读师范学院。首届159名学生从本校物理、数学、地理三系抽调，分别进入电机、数理、无线电专业学习，学制为五年，实行半工半读制。

▲ 1960年，华东师大创办上海电视大学（今上海开放大学），校党委书记常溪萍兼任校长。图为常溪萍在开学典礼上讲话。

▲ 1951年9月,大夏大学附中和光华大学附中合并成立华东师范大学附属中学(今一附中)。1958年8月,华东师范大学第二附属中学成立。图为二附中金沙江路校门。

▲ 1956年,华东师大在上海高校首开函授教育,对在职中学教师进行函授教育。图为开学典礼。

▲ 1964年11月,学校根据中央"半工半读"指示精神,成立上海半工半读师范学院,党委书记常溪萍兼任院长。图为开学典礼。

第十章
学校更名与复名

1972年初，上海师范学院、上海教育学院、上海体育学院、上海半工半读师范学院并入华东师大，并更名为"上海师范大学"。更名后，学校本部和校部机关设在华东师大原址，分部设在原上海师范学院校址。理科部分在华东师大校区学习，文科部分在原上海师范学院校址学习。同时，位于江苏大丰的"五七"干校南迁上海奉贤原教育学院"五七"干校。

1970年，学校开始招收工农兵大学生。1973年，第一届工农兵学员毕业。1972年12月，根据上海市委决定，学校在"五七"干校创办涉外人员外语培训班。培训班每年从上海市区各中学选拔学生200人，实行半耕半读制。至1974年，共招收三届涉外人员外语培训班。

1978年，上海师范学院、上海体育学院和上海教育学院分别脱离上海师范大学，结束长达六年的并校历史。分校之后，学校继续沿用"上海师范大学"校名。1980年，经教育部批准，学校恢复"华东师范大学"原名。

▲ 1972年,上海师范学院、上海教育学院、上海体育学院、上海半工半读师范学院并入华东师范大学,学校更名为"上海师范大学"。图为学生在更名后的校门前留影。

▲ 1972年,根据上海市委决定,学校每年招收200名"外语培训班"学员,至1974年共招收三届。图为1972级法语班同学在"五七"干校门前合影。

▲ 1970年，学校开始招收工农兵大学生。图为1973年第一届工农兵学员毕业留影。

▲ 1978年9月26日，《解放日报》报道学校师生讨论检验真理标准问题。

◀ 1980年8月，经教育部批准，学校恢复"华东师范大学"原名。

第十一章
校园扩建 多彩生活

从1951年起，华东师大在大夏大学校园原址上扩展办学空间，征用丽娃河以西土地511亩，并先后建设多栋教学与办公大楼。1952年1月，学校通过组织专家咨询，多方听取意见，对校园发展进行了五年整体规划，确定了学校主干道与大小两条校河垂直相交、建筑群分区相隔的校园基本蓝图。

1952年7月，学校成立劳动建校委员会，领导师生开展建校劳动。1953年初，学校成立基本建设委员会，进行大规模校舍建设。同年年底，化学馆、数学馆，第二、三、四学生宿舍，第二学生饭厅，学校主干道以及大桥先后完工，建筑面积比上年增加50%，建筑群跨过校河进入河西地区。1954年，学校建设完成三馆（地理馆、物理馆、生物馆），第五、六学生宿舍，巴甫洛夫实验室等馆舍，新建建筑面积达到27714平方米。至此，华东师大校舍已初具规模。

在广大师生的共同努力下，经过建校初期的劳动建校以及大规模校舍建设，一所馆舍完备、风景如画的校园初步显现，华东师大师生群体得以在美丽的丽娃河畔学习、工作与生活。

校园建设

▲ 1950年代的校门

▲ 1952年建设的中北校区办公楼（今办公中楼）

▲ 1952年建成的图书馆

▲ 1959年建设完成的物理楼

◀ 1954年学校建设完成河西教学区。图为数学馆（左）、三馆（中，含物理馆、地理馆、生物馆）、化学馆（右）。

▼▶1950年代初,师生一起参与学校建设。

▲ 1950年代，丽娃河风景。

▲ 1967年9月15日，毛主席像落成。

校园生活

▼ 1950年代，学生课余在丽娃河上泛舟。

▲ 1950年代，学生在夏雨岛上跳集体舞。

▲ 图书馆内晚自修

图书馆借书 ▲

1963年,广播操表演。▲

▲ 女生篮球

▲ 男生篮球

▲ 学生体操表演

开卷考试 ▲

历史系同学演出话剧 ▲

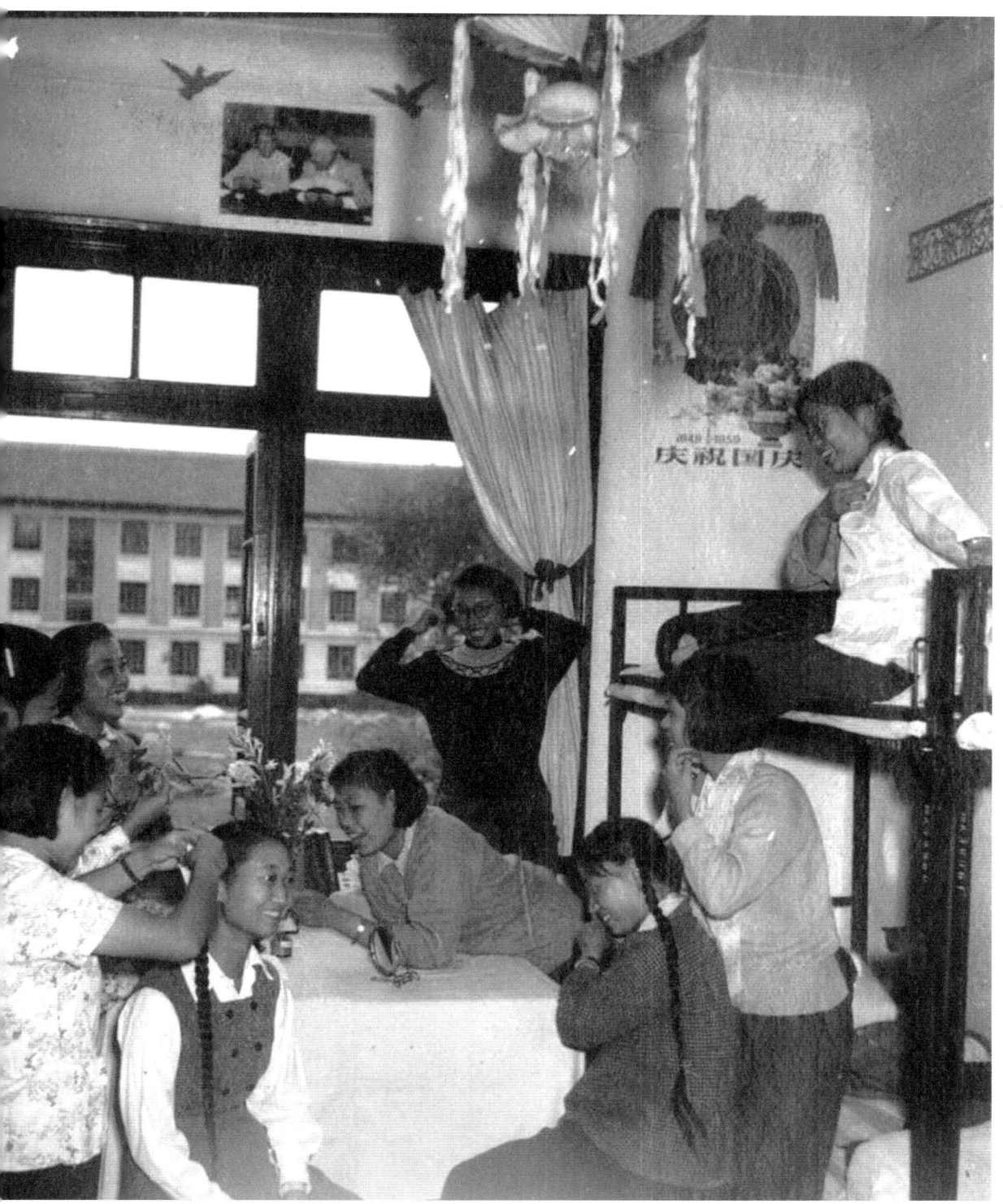
▲ 节日里的政教系女生宿舍

1956年4月,华东师范大学第四届体育运动大会。

第三篇 抟和群科

建设高水平综合性研究型大学（1978—1995）

在党的十一届三中全会精神以及邓小平同志"教育要面向现代化、面向世界、面向未来"的指示下，华东师大进一步明确办学思想，确定"求实创造，为人师表"的校训，提出建设"综合性、多层次的新型社会主义师范大学"的新目标。

DISCIPLINE INTEGRATION
Building a High-level Comprehensive Research-based University (1978-1995)

Guided by the spirit of the Third Plenary Session of the 11th Central Committee of the Chinese Communist Party and the instruction of Mr. Deng Xiaoping that education should be geared to the needs of modernization, of the world and of the future, East China Normal University had worked out the university motto of "Seek Truth, Foster Originality, and Live Up to the Name of a Teacher" and put forward to the objective of building itself into "a new comprehensive socialist university".

第十二章
恢复全国重点大学地位

1978年，国务院颁布《关于恢复和办好全国重点高等学校的报告》，华东师大恢复全国重点大学的地位，实行中央和地方双重领导、以教育部为主的教育体制。在党的基本路线指引下，学校把工作重心转移到教学、科研上来，各项工作都在拨乱反正的基础上逐步恢复发展。学校积极进行体制改革，推行校务委员会领导下的校长负责制，民主推荐副校长，校、院、系三级管理体制等措施。

1980年，学校制定《1980年—1990年十年规划纲要》，提出总目标：在十一届三中全会路线指引下，把学校办成高质量、有特色的重点师范大学。1980年10月，经教育部批准，学校设立教育科学学院，院长由校长刘佛年兼任。此后，学校开始探索实行校、院、系三级管理、院为实体的管理体制，以学院为单位开展专业、学科建设和改造。1995年，华东师大第九次党代会提出将学校建成"以教育学科为特色，高水平多学科协调发展，国内领先国际有影响的社会主义师范大学"。

◀ 1978年，国务院颁布《关于恢复和办好全国重点高等学校的报告》，华东师范大学恢复全国重点大学的地位。

▲ 1980年，华东师范大学制定《1980年—1990年十年规划纲要》，提出校、院、系三级行政领导管理体制。图为教育部批准学校设立全国第一所教育科学学院。

▼ 1980年，教育部指定华东师范大学为试点单位，对学校各项体制进行改革。图为校报报道教职工代表大会选举。

第十三章
新设系科助力人才培养

十一届三中全会后,为适应国家经济建设、科学技术和学校自身发展的需要,华东师大新设了计算机科学系、心理学系、图书馆学系、体育系、经济系、数理统计系、电子科学技术系、艺术教育系、环境科学系、教育信息技术系、哲学系、旅游学系等一大批新专业和系科。

1986年，国家教委批准华东师大在全国高校中首批成立成人教育学院。1988年，教育基本理论、中国教育史、概率论和数理统计、自然地理学在国家教委第一轮学科评估中被评为全国重点学科。1989年10月，国家教委中学校长培训中心在华东师大成立。1995年至2008年，历史学系、中文系、心理学系、地理学系、数学系、物理学系先后入选国家文理科基础科学人才培养和科研基地。

　　1978年，学校恢复招收研究生。1981年，成为我国首批博士和硕士授予单位，12个专业有权授予博士学位，51个专业有权授予硕士学位。1982年11月6日，学校举行首次博士论文答辩，答辩者王建磐系新中国自主培养的首批18位博士之一。1985年，华东师大成为全国博士后科研流动站首批建站单位。1984年，新增6个博士学位授予专业、16个硕士学位授予专业。1986年4月，经国务院批准，华东师大试办研究生院。

学科建设

为国家培养急需人才，华东师大先后建立计算机科学系、心理学系、图书馆学系、体育艺术教育系、环境科学系、教育信息技术系、哲学系、旅游学系等。

▼ 国际金融专业创始人陈彪如教授与学生讨论问题

系、数理统计系、电子科学技术系、

▲ 1983年7月1日，计算机科学系首届毕业生合影。

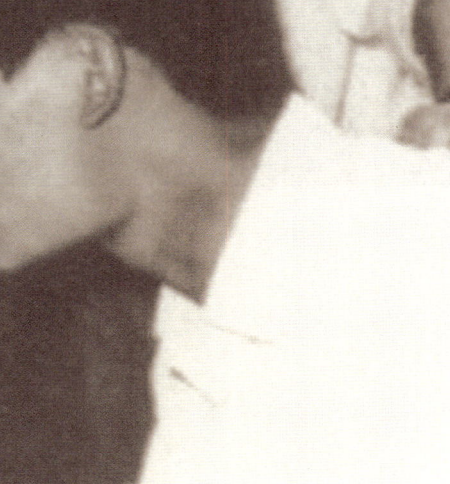

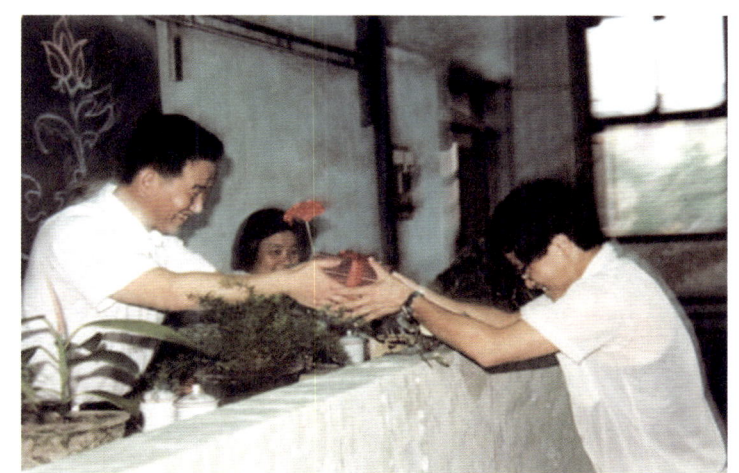
▲ 1987年6月，数理统计系第一届本科生毕业典礼。

▲ 图书馆学系举行研究生论文答辩会

▼ 1988年，教育基本理论（后改为教育学原理）、中国教育史（后改为教育史）、概率论和数理统计、自然地理学入选首批全国重点学科。图为教育史学科学术团队合影。

▲ 1985年11月,华东师大成为全国博士后科研流动站首批建站单位。图为地理学博士后流动站开站典礼(上图)、历史学博士后研究人员研讨会(下图)。

研究生培养新阶段

冯 契

陈彪如

刘佛年

左任侠

徐震堮

李春芬

吴 泽

曹锡华

陈涵奎

陈吉余

张作人

华东师范大学全国首批博士研究生导师名单

学科	博士生导师
中国哲学史	冯 契
世界经济	陈彪如
教育基本理论	刘佛年
发展心理学	左任侠
中国古代文学	徐震堮
史学史	吴 泽
中国古代史	吴 泽
基础数学	曹锡华
无线电物理	陈涵奎
自然地理学	陈吉余
区域地理学	李春芬
动物学	张作人

| 沈灌群 | 张瑞璠 | 胡寄南 | 曾性初 | 王元化 |
| 王养冲 | 胡焕庸 | 钱国桢 | 严钦尚 | 郎　所 |

华东师范大学全国第二批博士研究生导师名单

学科	博士生导师
中国教育史	沈灌群、张瑞璠
普通心理学	胡寄南、曾性初
中国文学批评史	王元化
世界近现代史	王养冲
人文地理学	胡焕庸
生态学	钱国桢
自然地理学	严钦尚
动物学	郎　所

1978年，华东师大恢复招收研究生。1981年，成为全国首批博士和硕士授予单位，12个专业有权授予博士学位，51个专业有权授予硕士学位。1984年，新增6个博士学位授予专业、16个硕士学位授予专业。图为学校全国首批、第二批博士研究生导师。

▲ 1982年11月6日，学校举行首次博士论文答辩。答辩者王建磐系新中国自主培养的首批18位博士之一。

▲1986年4月，国务院批准华东师大试办研究生院，1996年研究生院正式成立。

本科生等培养

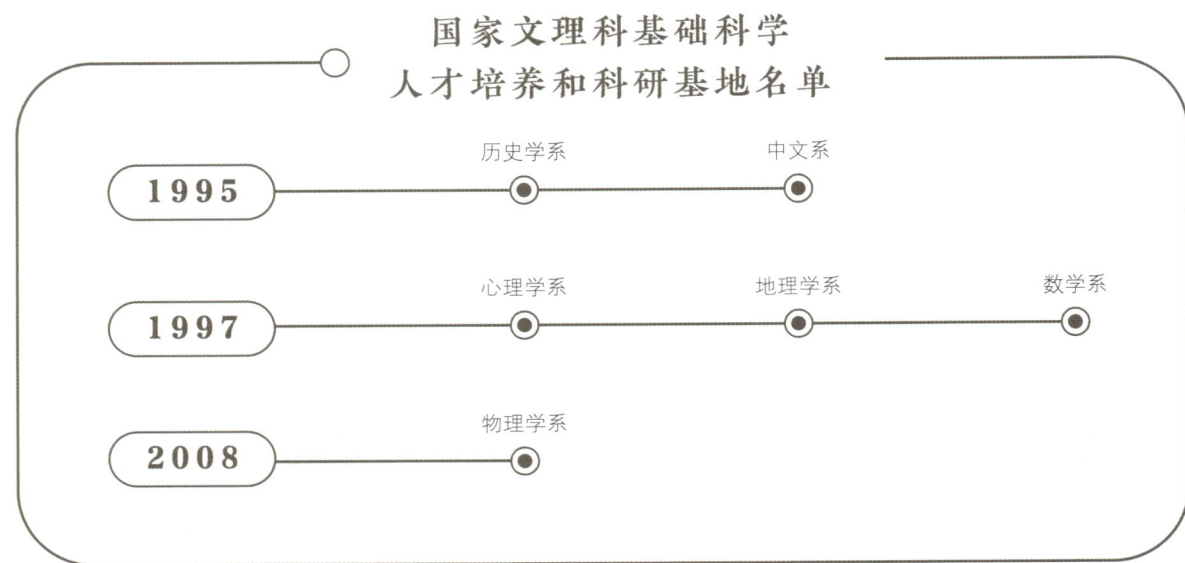

国家文理科基础科学
人才培养和科研基地名单

1995　历史学系　中文系

1997　心理学系　地理学系　数学系

2008　物理学系

历史系基地班学生外出考察 ▲

▼ 徐中玉教授（前排右二）为中文系基地班学生授课

▼ 2002年，心理学系基地班毕业生合影。

李吉均院士为地理系基地班学生授课 ▲

数学系基地班导师陈志杰与学生讨论问题 ▲

2009年，诺贝尔奖获得者约翰·霍尔教授为物理学基地班学生做讲座。▲

▼ 1986年,国家教委批准华东师大在全国高校中首批成立成人教育学院。图为1985年7月夜大学中文专业首批毕业生合影。

◀ 1989年10月27日,国家教委中学校长培训中心在华东师大成立。

第十四章
教育部指定教师评聘改革试点

　　华东师大积极实施全面开展教师职务评审工作、向社会公开招聘外语人才、聘请兼职教授以及名誉教授、破格提拔中青年教师、为老教授配助手、试办助教进修班等措施,以加强师资队伍管理与建设。

　　1983年,教育部确定华东师大为教师职称改革试点单位。1985年初,学校开始试行教师聘任制,以调动广大教职工积极性。1986年,国家教委正式确定华东师大为第二批教师职务聘任与学衔评定试点单位,为此,学校成立由25人组成的教师学衔委员会,下设12个学科评审组。在师资培养工作中,学校始终把中青年骨干教师培养作为重点,尤其是加强学科带头人培养和重点学科师资队伍建设。在1986年的专业技术职务评审中,学

校率先打破论资排辈的陈规,将一批学术上有重大成果的中青年教师如郑伟安、肖刚、桂世勋、庞延斌、张善余等破格提升为教授。《人民日报》曾专门对此进行报道。同年11月,学校成立中青年学术著作出版基金会。

为加强中外学术交流,学校从1979年开始聘请国际著名科学家和教育学家担任名誉教授和顾问教授。为加强外语教学和翻译的师资建设,1979年首开先河,面向社会公开招聘外语人才,最终115位有相当水平的外语教学和翻译人才被学校正式聘用。为使老教师能够集中时间和精力著书立说,更好地培养接班人,学校于1980年开始为全校51位老教授配备助手。

▼ 为加强师资队伍建设，学校首开先河面向社会公开招聘外语人才。图为 1979 年在《文汇报》上发布的招聘启事。

郑伟安 教授

肖 刚 教授

1986年，学校举行专业技术职务评审，率先打破论资排辈的陈规，将一批学术上有重大成果的中青年教师如郑伟安、肖刚、桂世勋、庞延斌、张善余等破格提升为教授。图为《人民日报》专题报道郑伟安、肖刚教授学术事迹。

青年学者任博士研究生导师

三十四岁的郑伟安和三十五岁的肖刚脱颖而出

据新华社上海7月8日电（记者刘军）华东师范大学青年数学家郑伟安和肖刚，最近经国务院学位委员会学科评审组通过，被确定为博士研究生指导教师。

木匠出身的郑伟安，今年三十四岁。他没有上过大学，但通过自学，在数学研究上显露出才华。1978年他以优异成绩被华东师大录取为研究生，获得硕士学位后又赴法国深造，获得法国国家博士学位。他发表了二十多篇高水平论文，其中在微分流形方面的某些见解被法国数学权威称为"郑氏定理"，数学推导的相应过程被称为"郑氏过程"，多次被国外文献引用。他向研究生开出了难度较大的"随机力学"等课程。今年1月，他被越级提为数理统计系教授。

另一位数学家肖刚今年三十五岁。他1979年大学毕业后考上中国科技大学研究生，不久去法国留学，也获得法国国家博士学位。他在代数学中难度极大的"一般型代数曲面分类"领域有较深造诣，是反映当今数学最新成果的"数学讲座丛书"中第一个拥有专著的中国学者。他是数学系教授。

名誉教授

为加强中外学术交流,学校从1979年开始聘请国际著名科学家和教育学家担任名誉教授和顾问教授。

▲ 1979年12月1日,聘请斯坦福大学肖洛教授为学校首位名誉教授。

▲ 1985年1月,聘请著名物理学家杨振宁教授(右二)为学校名誉教授。

◀ 1985年6月26日，聘请美国科学院院士、加州大学伯克利分校陈省身教授（左三）为学校名誉教授。

▲ 1986年9月，聘请美国著名教育学家、心理学家本杰明·S·布卢姆（左七）为学校名誉教授。

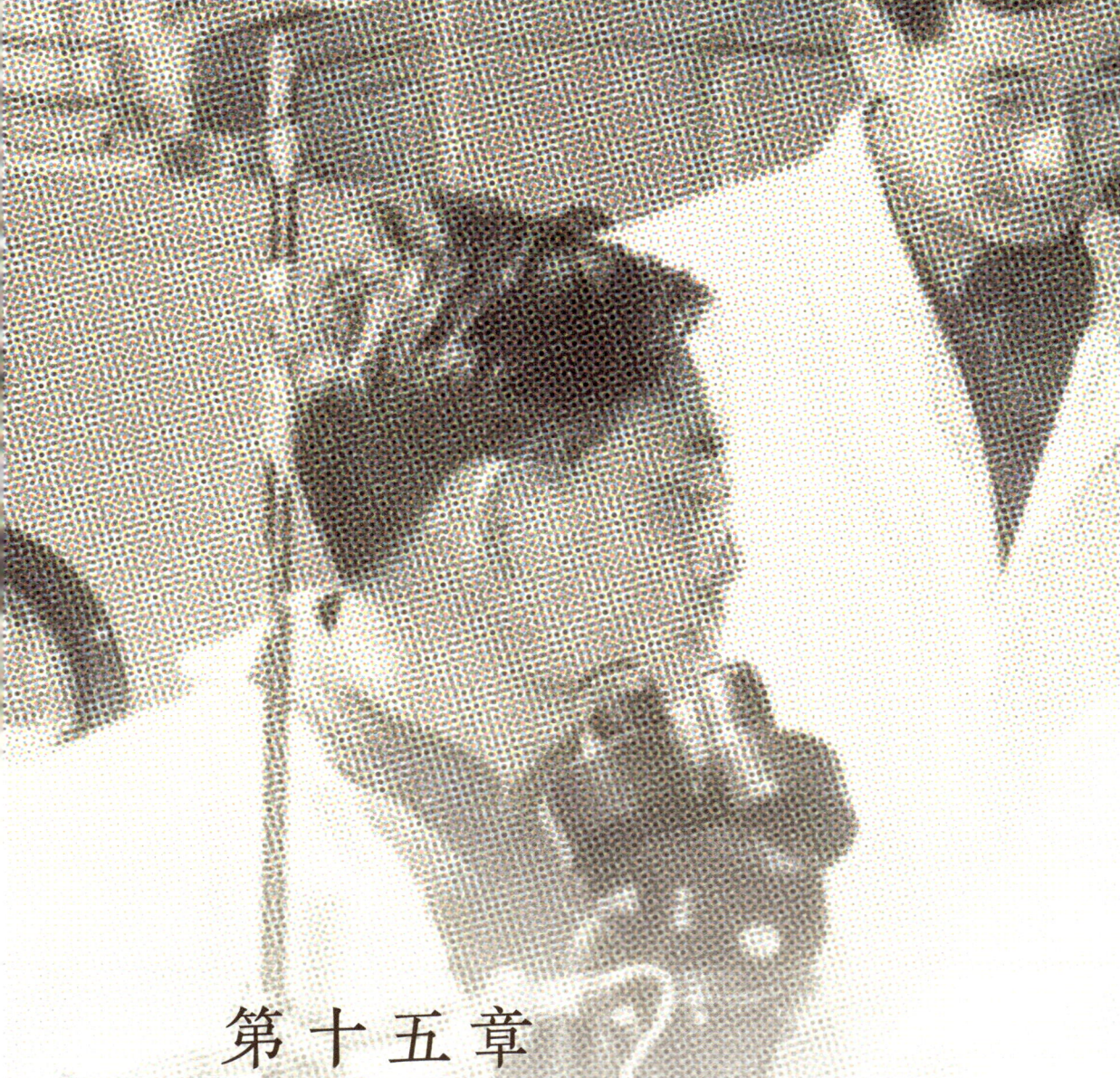

第十五章

科学研究 服务地方建设

　　进入改革开放时期,为进一步提升科研实力,华东师大先后成立环境科学研究所、苏联东欧研究所、古籍研究所、人口研究所、河口海岸动力沉积和动力地貌综合国家重点实验室等一批研究机构。

　　学校师生基于教育科学研究活动,积极服务基础教育。1980年代初,学校积极面向基础教育,开展了多规格、多层次、多渠道办学的活动。在1985年和1987年,学校先后承担国家教委委托的全国十五省、市、自治区中学英语、语文、数学三门课程的教学调查项目。

　　学校积极服务社会,参与上海开发开放建设。陈吉余教授基于多年研究经验提出浦东国际机场东移建议,为国家节省投资3.6亿元;陈彪如教授主持《上海建成国际金融中心的目标和思路研究》,为上海建设金融中心建言献策。

　　通过建立科研机构、扩大科研队伍、多渠道争取研究经费和研究课题,学校在科研工作上取得一批重要科研成果,并荣获一批重大奖项。1996年,戴家祥教授主编的《金文大字典》、冯契教授著的《智慧的探索——智慧说三篇导论》双双荣获上海市第三届哲学社会科学优秀成果奖特等奖。

学校新成立的部分科研机构名单

成立时间	名称
1978	河口海岸研究所、环境科学研究所、现代教育技术研究所
1980	外国教育研究所、西欧北美地理研究所、中国史学研究所
1981	苏联东欧研究所
1982	古籍研究所
1983	人口研究所
1984	遥感技术应用研究所、心理学研究所、教学法研究所
1985	自然辩证法暨自然科学史研究所、文学研究所、哲学研究所
1986	学校体育研究所
1987	计算机应用研究所、微波研究所、比较沉积研究所
1990	中国行政区划研究中心
1995	河口海岸动力沉积和动力地貌综合国家重点实验室

▲ 改革开放后，学校新成立的部分科学研究机构。

▲ 1983年4月21日，经教育部批准，学校人口研究室扩建为人口研究所，胡焕庸教授任名誉所长。

▲ 1991年5月13日，学校成立河口海岸动力沉积和动力地貌综合国家重点实验室筹建组。图为1995年12月该实验室通过验收。

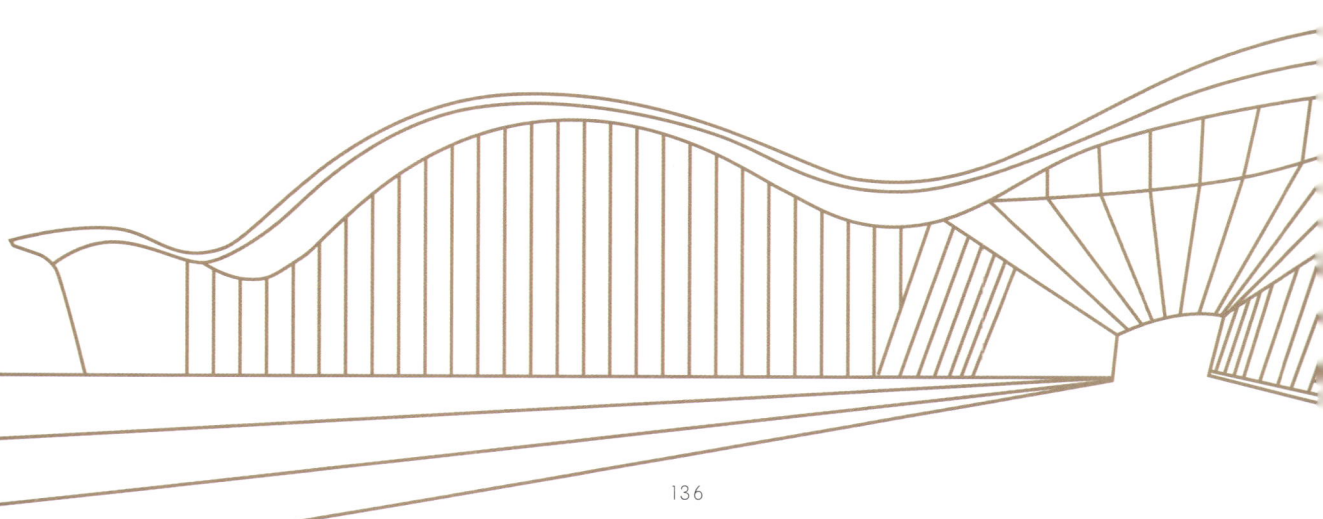

学校积极服务社会，参与上海浦东开发开放建设。图为1995年陈吉余教授提出浦东国际机场东移建议的手稿以及浦东机场建设指挥部的感谢信。▼▶

▲ 陈彪如教授率先提出上海建设国际金融中心的设想,并从理论和实际两方面进行了论证。图为相关研究报告。

学校积极参与上海中小学教学改革,承担教材编写任务。▶

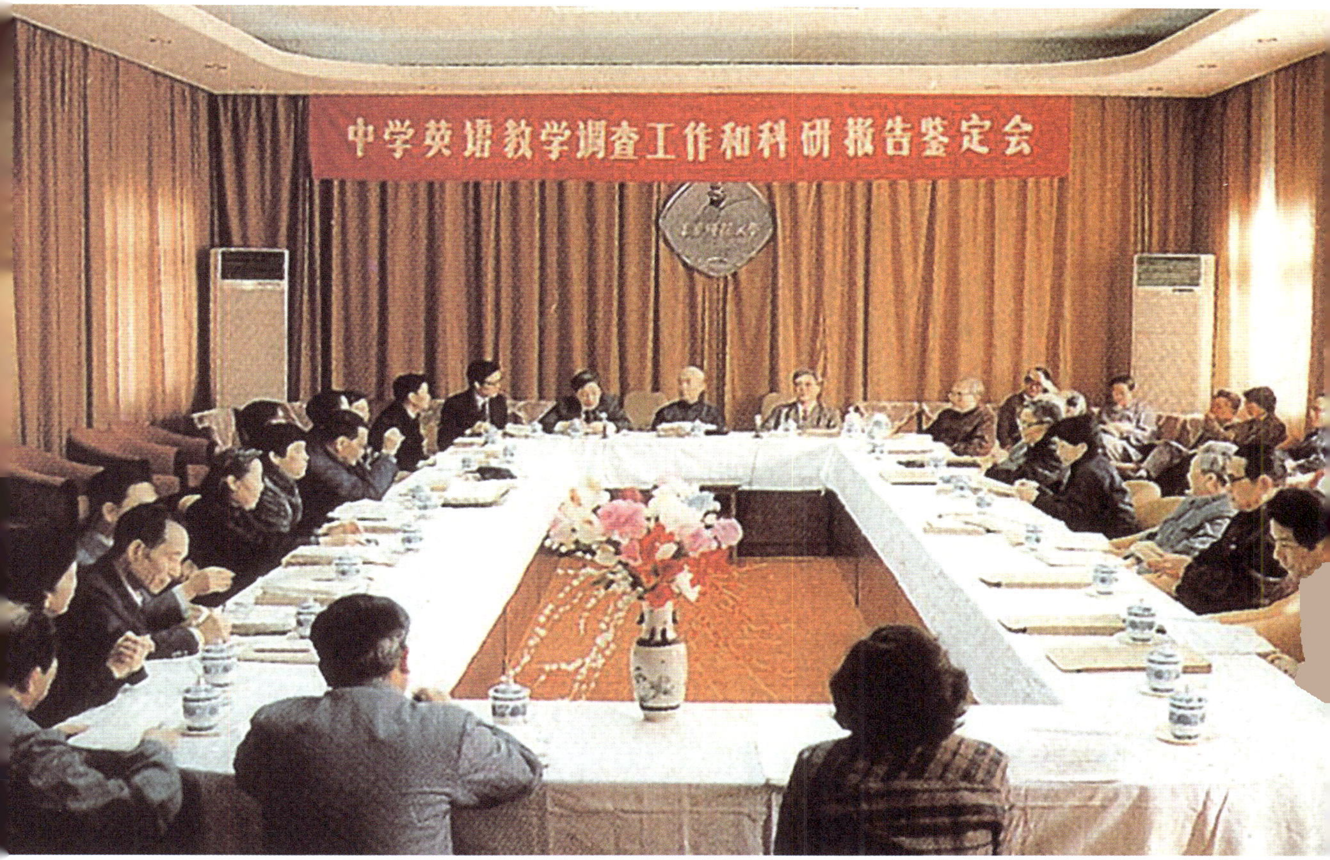

▲ 1980 年代，学校积极面向基础教育，开展了多规格、多层次、多渠道办学的活动。图为国家教委委托项目全国十五省、市、自治区“中学英语教学调查工作和科研报告”鉴定会在校召开。

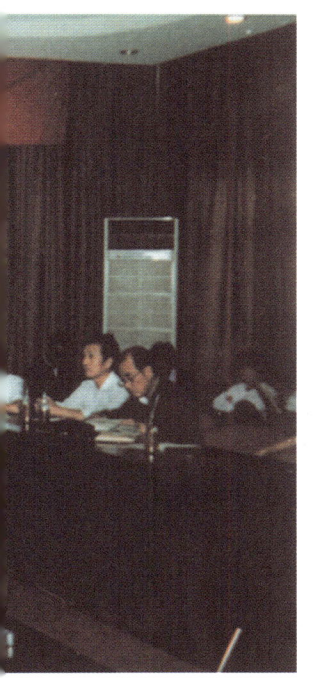

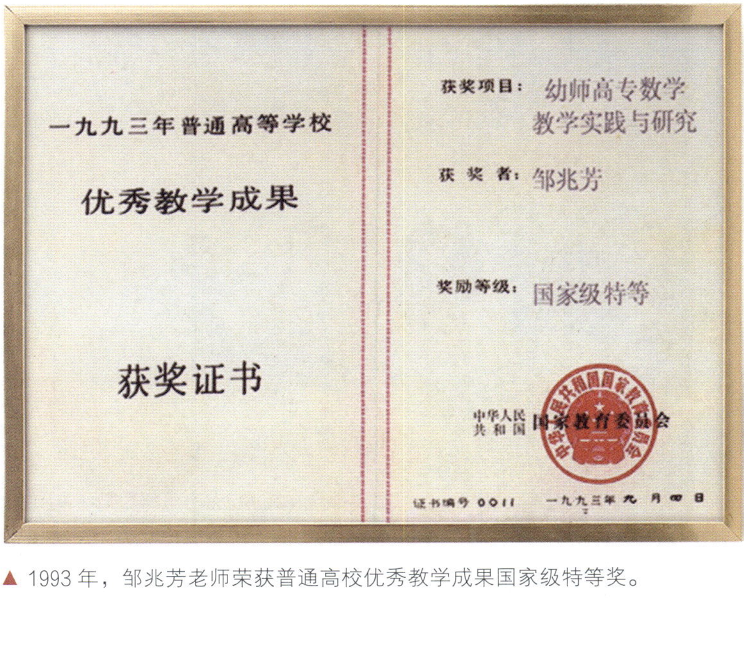

一九九三年普通高等学校

优秀教学成果

获奖证书

获奖项目：幼师高专数学教学实践与研究

获 奖 者：邹兆芳

奖励等级：国家级特等

中华人民共和国国家教育委员会

证书编号 0011　一九九三年九月四日

▲ 1993 年，邹兆芳老师荣获普通高校优秀教学成果国家级特等奖。

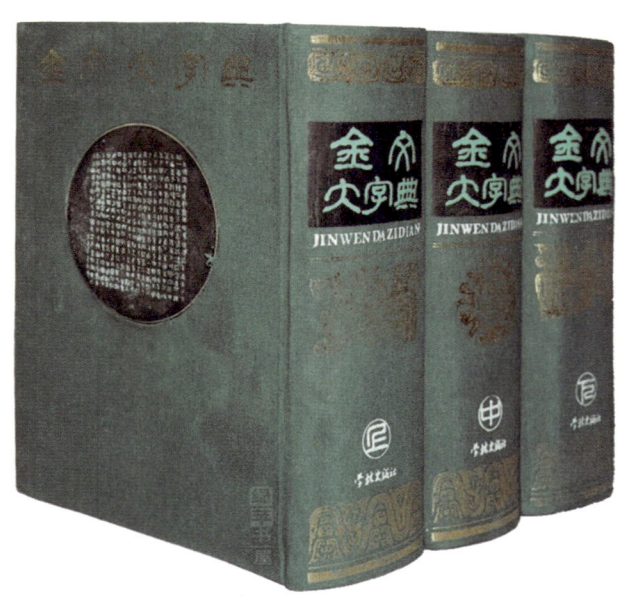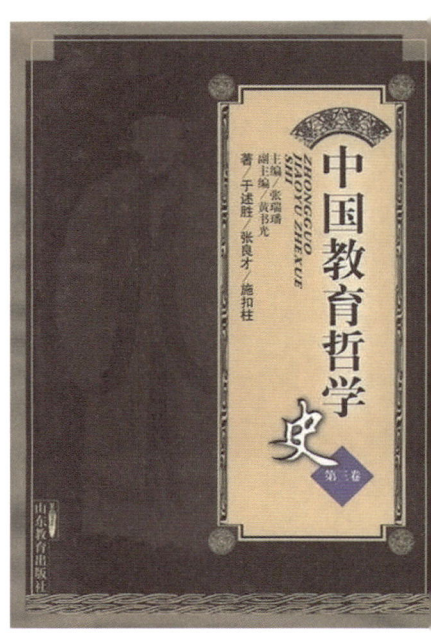

▲▼1996年,戴家祥教授主编的《金文大字典》获上海市第三届哲学社会科学优秀成果奖特等奖。

▲ 2002年，张瑞璠教授主编的《中国教育哲学史》获上海市第六届哲学社会科学优秀成果奖特等奖。

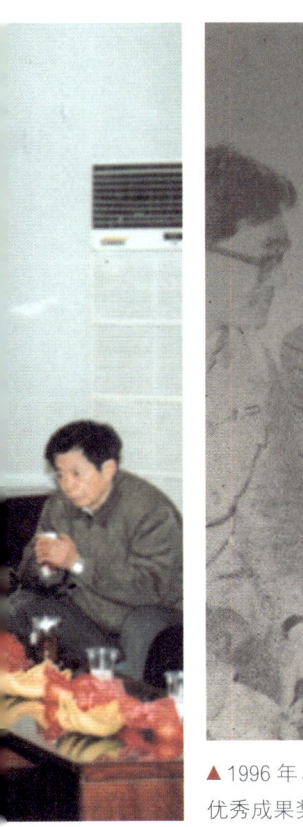

▲ 1996年，冯契教授著《智慧的探索——智慧说三篇导论》获上海市第三届哲学社会科学优秀成果奖特等奖。图为冯契教授为研究生讲解哲学原著。

第十六章
稳步推进国际合作交流

  为加强国际交流,提高办学水平,华东师大频繁接待其他国家来校访问的代表团,同时也组团出国访问。1979年,校长刘佛年出席第37届联合国教科文组织国际教育会议,会后访问法国巴黎高师。1980年,学校与加拿大维多利亚大学签署建校以来第一份校际交流协议书。1981年,校党委书记施平率中国教育代表团访问美国哥伦比亚大学。1982年,法国国民议会议长梅尔马兹到校访问。1987年,加拿大总督让娜·索维到校访问。

华东师大积极创设各类涉外机构，为招收留学生，选派师生出国留学、访问等事务提供服务。1980年6月，学校开始恢复招收外国留学生。1983年受教育部委托，学校举办留学生预科班。1987年，学校成立国外考试中心，选派师生出国留学、讲学、访问和考察。1990年，在外事办公室基础上成立国际交流处。1993年，成立国际中国文化学院，招收短期生和长期生，负责对留学生进行汉语教学。

从1986年起，学校举办各类国际学术研讨会，以加强国际学术交流。1986年召开第二届亚洲纤毛虫遗传学、细胞生物学、分子生物学国际会议，这是华东师大第一次主办的国际学术研讨会。此后，学校先后举办"国际王国维学术研讨会"（1987）、"中学教改国际研讨会"（1990）、第七届国际科学教育协会亚洲地区会议（1991）等。

1979年7月，校长刘佛年（三排右三）出席第37届联合国教科文组织国际教育会议，会后访问法国巴黎高师。▲

1981年，校党委书记施平（右三）率中国教育代表团访问美国哥伦比亚大学。▲

▼ 1980年，学校与加拿大维多利亚大学签署建校以来第一份校际交流协议书。图为1982年学校代表团赴该大学考察。

▼ 1986年10月19日，澳大利亚前总理惠特拉姆（Whitlam）到校访问。

▲ 1982年9月6日，法国国民议会议长梅尔马兹（Mermaz）到校访问并发表演讲。

▲ 1987年3月25日，加拿大总督让娜·索维（Jeanne Mathilde Sauvé）到校访问。

▲ 1986年7月,学校主办第二届亚洲纤毛虫遗传学、细胞生物学、分子生物学国际会议。

◀ 1980年，学校恢复招收外国留学生。图为1980年8月，留学生暑期汉语学习班结业合影。

▲ 1987年6月，学校举办"国际王国维学术研讨会"。

第十七章

丽娃新景观

　　华东师大各类基础设施日益完善，为日常教学科研工作提供了有力保障，尤其是文科大楼、图书馆新馆（逸夫楼）、留学生楼等设施的新建。1987年建成的文科大楼分为17层，高70米，主辅楼建筑面积达22165平方米，主要为科研、办公用房。文科大楼的投入使用大大改善了华东师大的办学条件，尤其是长期困扰文科教职工的工作条件问题得到解决，同时也加强了文科各单位之间的横向联系。1989年，图书馆新馆（逸夫楼）落成。整幢建筑由二、四、五、十层高低错落的楼群组成，建筑面积12660平方米，极大改善了读者的借阅条件，加速了学校图书馆现代化的进程。

为满足外国留学生需求，1991年学校在丽娃河畔建成一幢高15层，建筑面积10440平方米的留学生楼。1991年10月16日，华东师大在建校40周年之际，确定"求实创造，为人师表"的校训，并举行校训碑揭幕仪式。1994年，学校被国家教委授予"文明校园"称号。

　　学生积极开展丰富的课余活动，成立青年史学社、夏雨诗社等学生社团。1994年，团委创办二十一世纪人才学院，推动跨世纪人才培养。1985年，成立华东师大校友总会筹备委员会，1991年，华东师大校友总会成立。

校园新建筑

▲1991年10月16日，举行校训碑揭幕仪式。

▲1987年，文科大楼竣工。

1989年10月27日，图书馆新馆（逸夫楼）落成。▲

1991年，留学生大楼竣工。▲

▲1994年，中山北路新校门建设完成。

校园活动

▲1980年9月,学生社团青年史学社成立。图为该社举办第五次研讨会。

1982年6月,学生社团夏雨诗社成立。图为诗社刊物《夏雨岛》(1984年第5期)。▼

1985年，学校庆祝全国首届教师节。▶

◀ 1991年，华东师范大学校友总会成立大会。

1994年11月11日，二十一世纪人才学院正式挂牌成立。图为该院第八期学员在诚实履历承诺现场签名。▼

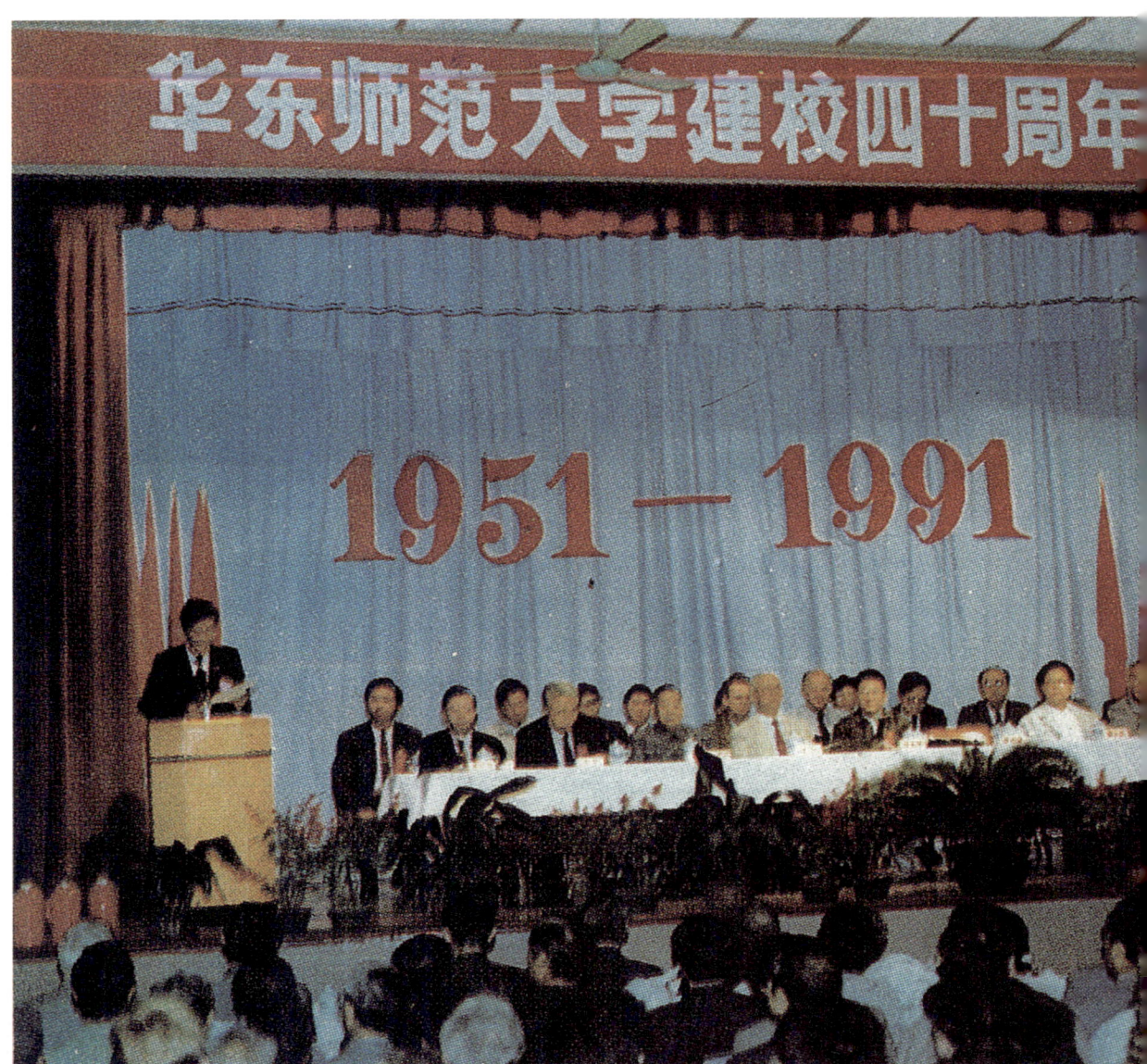
▲ 1991年10月，学校举办建校四十周年庆祝大会。

▼ 1991年10月,学校举行成立四十周年校庆联欢会。

第四篇 霄汉思齐
创建世界知名大学（1996—2016）

1996年，华东师大进入国家"211工程"建设高校行列。同年，参与上海市师范教育结构调整，构建基础教育教师职前培养与职后培训一体化的办学体系。2002年，启动闵行校区规划建设，形成"一校两区、联动发展"的办学格局。2006年，进入国家"985工程"重点建设高校行列，提出建设"世界知名的高水平研究型大学"奋斗目标。

STRIVING FOR EXCELLENCE

World-famous University (1996-2016)

In 1996, ECNU was included into Project 211. In the same year, it participated into the structural adjustment for teacher education in Shanghai and formulated the school-running system featuring the integration of pre-job cultivation and post-job training for basic education teachers. In 2002, the university launched the construction of its Minhang campus, forming the development pattern of "one university with two campuses". In 2006, after being incorporated into the national elite university program, Project 985, ECNU worked out the goal of building itself into a world-renowned, high-level research-based university.

第十八章

跻身国家"211""985"工程行列

华东师大先后跻身国家重点建设的"211""985"工程行列,在教育质量、科学研究等方面得到明显提升。

1996年4月,学校通过国家教委组织的"211工程"部门预审,正式进入"211工程"大学行列。通过"九五""十五""211工程"三期,学校改善了办学条件,学科整体水平得到提高,结构明显优化,为国家经济建设、社会发展服务的力度和强度显著增加,综合实力和竞争力得到明显提高。标志性研究成果有浦东国际机场东移和九段沙生态工程研究、《顾炎武全集》、"研制成我国第一台飞秒光学频率梳状发生器"等。

　　2006年9月,教育部和上海市共同签署《教育部 上海市人民政府关于重点共建华东师范大学的意见》,学校正式进入"985工程"建设行列。通过"985工程"二期、三期建设,学校的学科布局结构更趋合理,学科实力进一步增强;师资队伍结构进一步优化,高层次人才拥有量显著扩大;科研基地建设再上新台阶,科研自主创新能力不断加强;承接国家重大科研任务的能力大幅提升,解决国民经济与社会发展重大问题的能力显著增强,学校的学术声誉和影响力与日俱增。

◀ 1996年4月25日,华东师大通过教育部"211工程"部门预审,进入"211工程"建设行列。

▲ 1997年5月20日,国家教委和上海市召开"共建华东师范大学 进一步推进管理体制改革座谈会"。

"211工程"三期重点建设项目

- 创新型教师教育体系建设
- 社会变革与中国文学
- 全球化背景下的国民意识与人文教育
- 城市化与区域协调发展
- 河口三角洲地表过程与城市安全
- 精密光谱学与精密测控
- 数学及其在交叉领域的应用
- 中国东部受损生态系统的修复和生态安全研究与实践
- 信息系统可信性基础理论与方法研究
- 环境友好的催化反应与技术研究
- 信息极化材料与功能结构
- 认知功能及其神经机制的多学科交叉研究

"九五""211工程"重点建设项目

- 教育理论与教育技术
- 世界近现代史与中国社会文化
- 自然地理学及地理信息系统
- 光谱学和量子信息学

"十五""211工程"重点建设项目

- 自然地理学及地理信息系统
- 脑功能基因组学
- 教育创新与教师教育
- 多维精密操控光子学与微米纳米结构检测新技术
- 中国生态关键地区生态恢复与保护生物学的理论与实践
- 中国的现代性与人文学术
- 绿色化学与化工过程绿色化
- 安全软件理论与软硬件协同设计
- 认知过程与认知发展

"九五""211工程"三期建设标志性成果

- 浦东国际机场东移和九段沙生态工程研究
- 铁基纳米微晶材料巨磁阻抗效应研究及应用
- 新基础教育推广性与发展性研究
- 建成现代教育技术培训中心

"十五""211工程"三期建设标志性成果

- 我国第一台飞秒光学频率梳状发生器
- 河口与近海的生物地球化学过程
- 软硬件协同设计开发平台
- 国际化教师专业发展创新体系——"未来教师空间站"
- 光子操控与量子保密通信研究
- 中国现代性研究资料中心
- 大脑记忆编码单元
- 长江口盐水入侵规律和淡水资源利用
- 《顾炎武全集》等
- 中国教师教育培养机构研究数据库等

"211工程"三期建设标志性成果

- 《全球化与国民意识研究丛书》
- 崇明生态岛建设指标体系研究
- 研制成红外波段单光子探测和超灵敏检测系统
- 蝙蝠功能基因进化与分子生态研究
- 提高车载信号系统可靠性的策略
- 新型液相氧化催化体系及其工业化应用

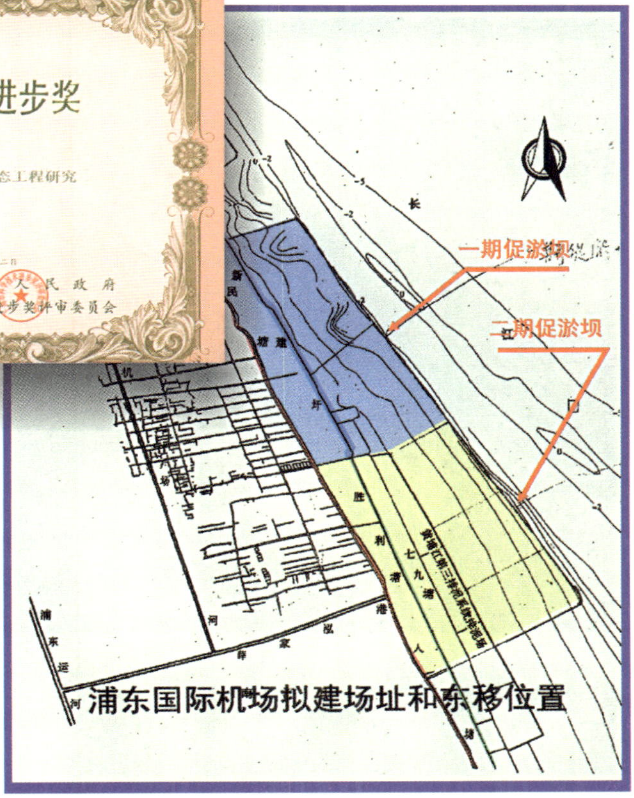

"九五""211工程"项目建设标志性成果之一浦东国际机场东移和九段沙生态工程研究 ▶

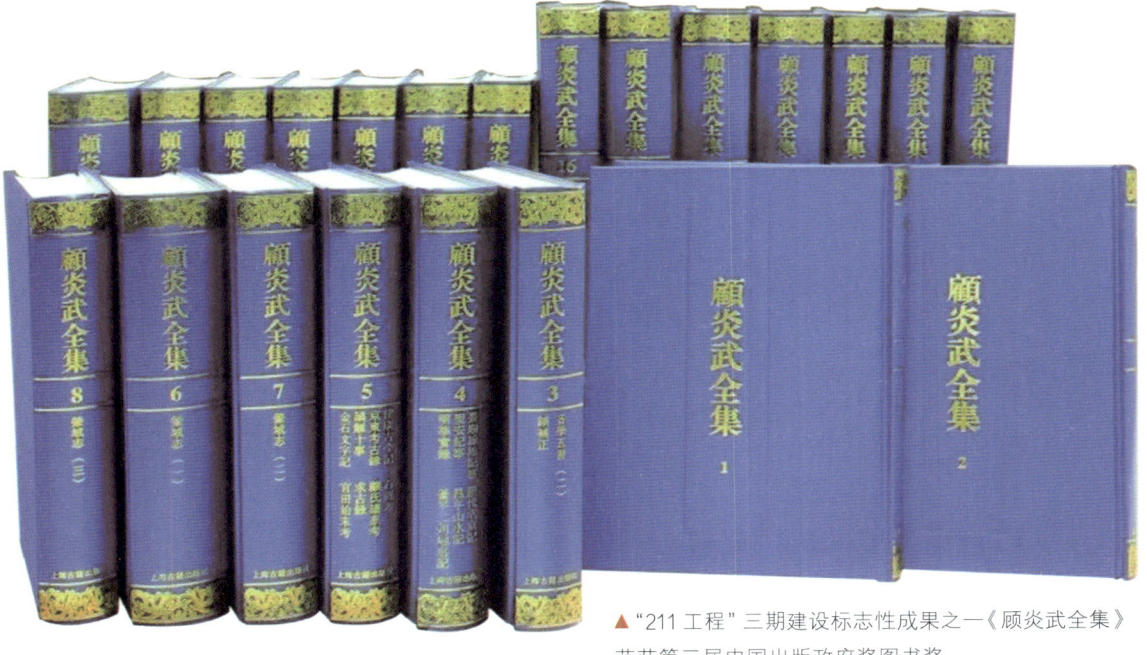

▲"211工程"三期建设标志性成果之一《顾炎武全集》荣获第三届中国出版政府奖图书奖

2006年9月,教育部和上海市共同签署《教育部 上海市人民政府关于重点共建华东师范大学的意见》,华东师大进入国家"985工程"重点建设高校行列。图为2007年,学校举行"985"项目建设地方配套经费评审会。▶

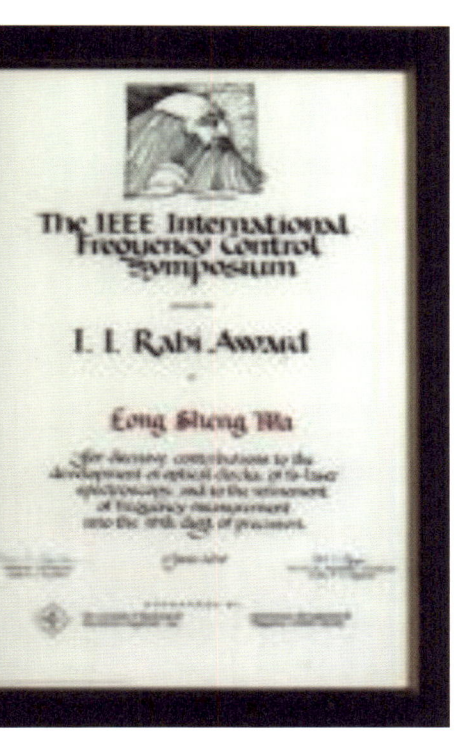

◀ "十五""211工程"项目建设标志性成果之一"研制成我国第一台飞秒光学频率梳状发生器"。图为项目负责人马龙生2005年应邀出席诺贝尔物理学奖颁奖典礼并于2010年荣获拉比奖。

"985工程"二期建设平台与重点学科

哲学社会科学创新基地
- 教师教育理论与实践
- 中国思想传统与文化变迁
- 当代中国基础教育发展
- 俄罗斯及大国关系研究

科技创新平台
- 河口海岸科学
- 精密光谱科学与技术
- 脑—行为—认知科学
- 高可信计算
- 绿色合成化学与合成技术
- 城镇化过程与公共安全

"985工程"三期建设平台与重点学科

重点学科建设项目
- 教育学　心理学　中国语言文学
- 历史学　哲学　运动人体科学
- 金融学　社会学

新兴交叉学科培育项目
- 思勉人文高等研究院
- 科学与技术跨学科高等研究院

学科建设支撑系统项目
- 智慧校园
- 文献信息保障系统
- 仪器设备与优质资源共享平台

▲ 2008年6月14日,学校"985工程"三期建设新兴交叉学科培育项目——思勉人文高等研究院成立。

第十九章

引领中国教师教育发展

1997年5月20日，国家教委和上海市政府召开"共建华东师范大学进一步推进管理体制改革座谈会"。国家教委宣布华东师大由国家教委和上海市共建共管。华东师大通过与上海市项目共建、合作办学等方式，为上海基础教育、经济社会发展服务。

在上海市师范教育结构调整中，两所教育学院与一所幼儿师范高等专科学校并入华东师大，为推进职前培养与职后培训一体化的教师教育新体系创造了条件。1997年，上海市教委发布《关于印发〈积极推进师范类学

校布局调整工作，开创师范教育新局面〉材料的通知》。同年7月，上海市南林师范学校撤销建制并入华东师大。9月，国家教委正式批准上海幼儿师范高等专科学校并入华东师大。1998年9月，上海教育学院和上海第二教育学院并入华东师大。

为引领中国教师教育，华东师大积极参与国家教育改革。学校先后制定教育改革与发展规划纲要，参与国家免费师范生培养，举办一系列高规格教育创新专题会议。

▲ 1997年9月27日，学校在南林师范学校和上海幼儿师范高等专科学校并入的基础上成立学前教育与特殊教育学院。

▲ 1998年9月，学校举行上海教育学院、上海第二教育学院并入大会。

2000年11月，学校主办面向21世纪"新基础教育研究"现场研讨会。▼

2008年，学校参与制定《国家中长期教育发展规范纲要》《上海市中长期教育发展规范纲要》。▲

▲ 2007年9月10日，学校举行首届免费师范生开学典礼暨"孟宪承书院"揭牌仪式。

▲ 2014年，学校13项成果荣获国家级教学成果奖，获奖总数与一等奖获奖数在全国高校中名列前三。图为一等奖获得者领奖现场。

第二十章
建设闵行校区

根据上海市高校布局结构调整的战略部署，2002年华东师大启动闵行校区规划建设，拓展办学空间，在黄浦江畔建设了一所占地近2000亩，布局合理、功能齐全、环境宜人的新校园。

2002年12月，华东师大与闵行区政府、上海紫江（集团）有限公司合作共建闵行新校区签约仪式举行，标志新校区建设正式启动。2003年12月，华东师大举行闵行校区奠基仪式暨开工典礼。2004年8月，华东师大闵行校区管理委员会成立，具体负责闵行校区整体运行。11月，首批搬迁

  闵行新校区的院系和有关职能部门开始搬迁并正式开始上课。2006年8月，华东师大机关主体搬迁至闵行，实现学校管理中心战略转移。

  在学校主体搬迁到闵行校区后，华东师大形成了"一校两区、联动发展"的办学格局。为美化校园环境，学校在闵行新校区进行了一系列文化景观设计。闵行校区基础设施不断完善，公共服务能力不断加强，资源丰富的现代化图书馆，设施先进、融各学科于一体的综合性实验室，日臻完善的公共数据库平台等为日常教学、科学研究等提供了良好保障。

2002年,华东师范大学根据上海市高校布局结构调整的战略部署,启动闵行校区规划建设。2006年,学校主体搬迁到闵行校区,形成了"一校两区、联动发展"的办学格局。2007年5月9日,习近平视察闵行新校区。

2002年12月23日,华东师范大学、闵行区人民政府、上海紫江(集团)有限公司签约共建华东师大闵行校区。▶

2003年12月29日,学校举行闵行校区奠基仪式暨开工典礼。

▲ 2004至2006年,相关院系学生搬迁至闵行校区。

闵行校区鸟瞰图▼

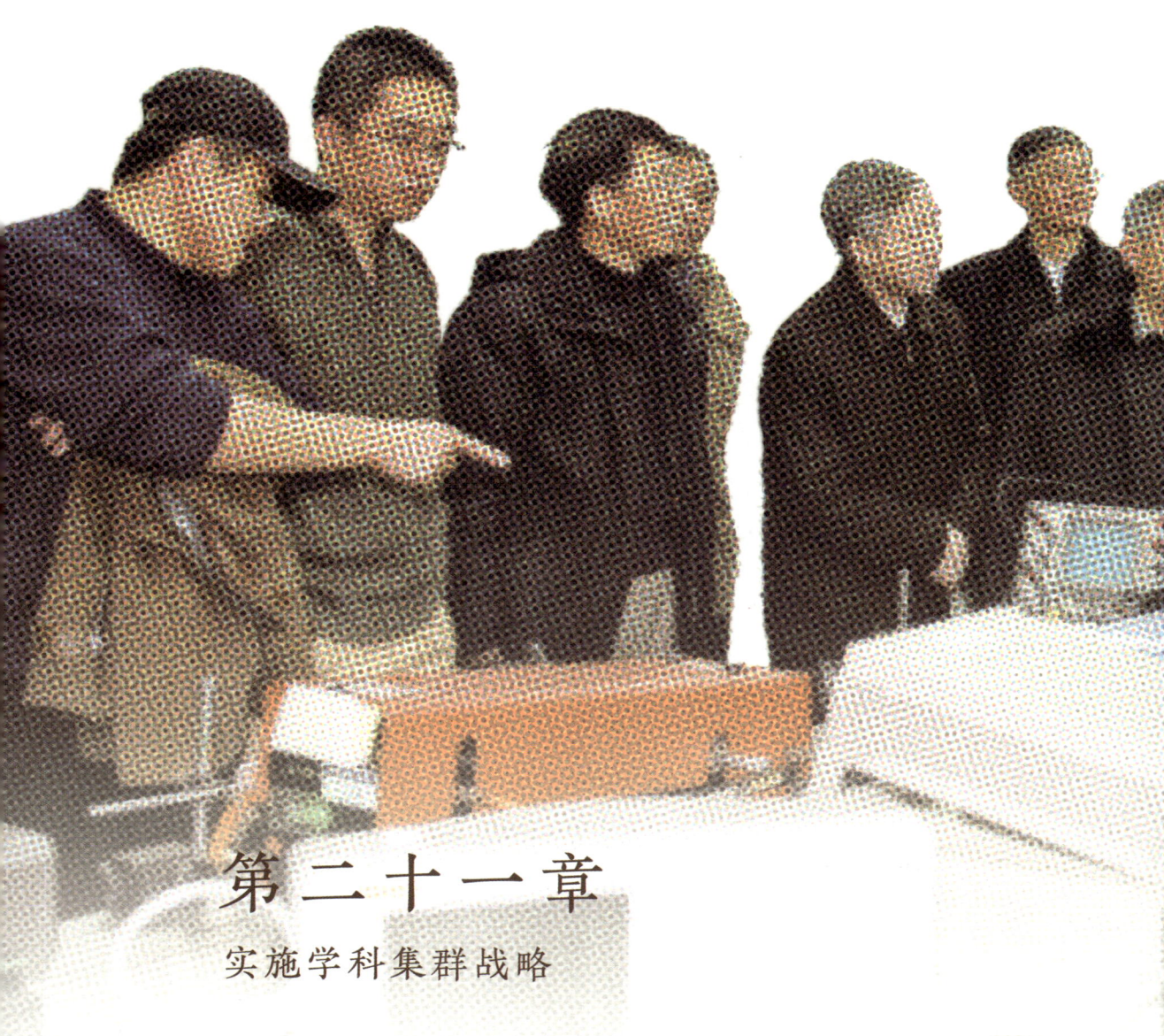

第二十一章

实施学科集群战略

  国家重点实验室是国家围绕发展战略目标，面向国际竞争，为增强科技储备和原始创新能力，开展基础研究、应用基础研究和基础性工作而设立的重点研究机构。1989年，国家批准筹建华东师范大学河口海岸学国家重点实验室。1995年，实验室通过国家验收并正式向国内外开放。2007年，国家批准筹建华东师范大学精密光谱科学与技术国家重点实验室。2009年，实验室通过国家验收并正式向国内外开放。

  教育部人文社会科学重点研究基地按照"一流"和"唯一"的标准进行建设。从1999年开始，学校先后有课程与教学研究所等6个科研机构入选。教育部重点实验室是国家科技创新体系的重要组成部分，是高等学校创新性人才的培养基地。华东师大脑功能基因组学等先后入选教育部重点实验

室,纳光电集成与先进装备等先后入选教育部工程研究中心。2002年开始,华东师大先后设立脑功能基因组学等上海市重点实验室。

学校在学科集群战略基础上,积极实施学部制改革,推进管理重心下移和学科交叉融合,并依托学部开展深化财务二级管理和干部聘任制等改革试点。

2002年,教育部公布全国高等学校重点学科点名单,教育学原理、教育史、课程与教学论、基础心理学、自然地理学、生态学6个学科入选国家重点学科。2007年,教育学、地理学2个一级学科,基础心理学、中国古代文学、基础数学、光学、生态学5个二级学科入选国家重点学科。

国家级科学研究机构

类别	名称	时间
国家重点实验室	河口海岸学国家重点实验室	1995 年
	精密光谱科学与技术国家重点实验室	2009 年
国家野外科学观测研究站	浙江天童森林生态系统国家野外科学观测研究站	2005 年
国家工程技术研究中心	国家可信嵌入式软件工程技术研究中心	2013 年
国家级国际联合研究中心	可信软件国际联合研究中心	2015 年
国家教材建设重点研究基地	职业教育教材建设和管理政策	2019 年

▲ 2009年12月26日，精密光谱科学与技术国家重点实验室通过科技部验收。图为2007年1月13日科技部专家考察实验室。

教育部人文社会科学重点研究基地

类别	名称
课程与教学研究所	1999 年 12 月
俄罗斯研究中心	2000 年 9 月
中国现代思想文化研究所	2000 年 9 月
基础教育改革与发展研究所	2000 年 12 月
中国古文字研究与应用中心	2000 年 12 月
中国现代城市研究中心	2004 年 11 月

▲ 1999 年 12 月,课程与教学研究所第一批入选教育部人文社会科学重点研究基地。

▲ 2001 年 5 月,普京娜访问学校俄罗斯研究中心。

教育部重点实验室工程研究中心

类别	名称	建立时间
教育部重点实验室	脑功能基因组学教育部重点实验室	2002 年
	地理信息科学教育部重点实验室	2003 年
	极化材料与器件教育部重点实验室	2007 年
	青少年健康评价与运动干预教育部重点实验室	2010 年
	统计与数据科学前沿理论及应用教育部重点实验室	2017 年
教育部工程研究中心	纳光电集成与先进装备教育部工程研究中心	2006 年
	软硬件协同设计技术与应用教育部工程研究中心	2007 年

▲ 2005 年 4 月 13 日，脑功能基因组学教育部重点实验室公布重大科研成果——在世界上首次发现大脑记忆的编码单元。

上海市重点实验室、工程技术研究中心

类别	名称	建立时间
上海市重点实验室	上海市脑功能基因组学重点实验室	2001 年
	上海市绿色化学与化工过程绿色化重点实验室	2003 年
	上海市城市化生态过程与生态恢复重点实验室	2005 年
	上海市磁共振重点实验室	2005 年
	上海市核心数学与实践重点实验室	2005 年
	上海市高可信计算重点实验室	2007 年
	上海市调控生物学重点实验室	2011 年
	上海市多维度信息处理重点实验室	2014 年
	上海市心理健康与危机干预重点实验室（筹）	2021 年
上海市工程技术研究中心	上海分子治疗与新药创制工程技术中心	2008 年
	上海数字化教育装备工程技术中心	2010 年
	上海有机固废生物转化工程技术中心（筹）	2020 年

▲ 2008 年，上海市绿色化学与化工过程绿色化重点实验室迁址化学馆。

华东师范大学学部名单

学部名称	成立时间
地球科学学部	2014 年 3 月
教育学部	2014 年 10 月
经济与管理学部	2015 年 9 月
信息学部	2019 年 7 月

　　华东师范大学在学科集群战略基础上，积极实施学部制改革，推进管理重心下移和学科交叉融合，并依托学部开展深化财务二级管理和干部聘任制等改革试点，先后成立地球科学学部等四个学部。

2002年、2007年入选国家重点学科列表

评选时间	一级学科	二级学科
第二轮高等学校重点学科评选（2002）		教育学原理
		教育史
		课程与教学论
		基础心理学
		自然地理学
		生态学
第三轮高等学校重点学科评选（2007）	教育学	基础心理学
	地理学	中国古代文学
		基础数学
		光学
		生态学

第二十二章

院士工程 制度创新

　　华东师大通过实施"院士工程""终身教授""紫江学者"等制度，造就了一批国际国内一流学者和优秀学科带头人。1998年，学校正式全面启动"院士工程"。1999年，上海紫江（集团）有限公司出资1亿元在华东师大设立紫江教育发展基金，开启紫江学者计划，首期计划以华东师大"特聘教授"的形式实施，2000年起开始聘请紫江讲座教授。2003年，学校在国内高校进行制度创新，制定实施终身教授制度。

　　为提升人才培养质量，2002年，学校与法国高师集团签署联合培养博士研究生合作协议。2005年，华东师范大学—法国高师集团联合研究生院成立。2006年，教育部对学校本科教学工作水平进行评估，评为优秀。

2007年，学校以教育部实施特色专业建设项目为契机，对全校本科专业进行全面梳理，以发挥已有的专业优势，办出专业特色为目标，制定特色专业建设发展规划。学校先后共有15个专业入选国家级特色专业。

华东师大紧密结合国家和上海中长期发展规划，不断探索现代书院建设和人才培养的新模式、新方法。书院具体负责落实本科生的思想政治教育、学科通识教育、生涯发展教育、心理健康教育、素质养成教育及学生事务服务与管理等工作。

两院院士

陈吉余
中国工程院院士

乔登江
中国工程院院士

何鸣元
中国科学院院士

何积丰
中国科学院院士

褚君浩
中国科学院院士

张经
中国科学院院士

麻生明
中国科学院院士

钱旭红
中国工程院院士

1999年4月29日,上海紫江(集团)有限公司出资1亿元在学校设立紫江教育发展基金,开启紫江学者计划。

▲ 2003年,学校在国内高校进行制度创新,制定实施终身教授制度。图为首批62名终身教授聘任仪式。

华东师范大学首批终身教授名单

（按姓氏拼音排序）

陈吉余	陈锡喜	陈玉琨	陈志杰
陈中原	丁　钢	丁平兴	方俊明
冯绍雷	高瑞泉	高　文	顾福康
郭豫适	何积丰	何鸣元	侯润宇
胡应和	黄泽民	金利通	金一鸣
李其维	刘恒椽	刘君德	刘永翔
陆健健	陆有铨	马龙生	茆诗松
潘文国	潘英丽	齐森华	乔登江
沈纯理	沈焕庭	时俭益	宋永昌
谈胜利	童世骏	王家范	王建磐
王　能	王斯德	王铁仙	王祖庚
许纪霖	许世远	许豪文	杨国荣
杨琍苹	杨燮龙	杨治良	叶建农
叶　澜	俞立中	虞志英	曾和平
张　超	张春柏	张　经	钟启泉
周尚文	朱自强		

人才培养

2002年11月11日，学校与法国高师联合培养研究生班开学典礼。▲

2004年9月3日，学校举行与法国高师首批联合培养博士研究生赴法欢送会。▲

国家级特色专业名录

批次	国家级特色专业	合计
第一批（2007年）	汉语言文学	5
	历史学	
	心理学	
	软件工程	
	软件工程（嵌入式系统方向）	
第二批（2007年）	数学与应用数学	3
	地理科学	
	对外汉语	
第三批（2008年）	化学	2
	生物科学	
第四批（2009年）	哲学	2
	学前教育	
第六批（2010年）	英语	3
	体育教育	
	统计学	

2001—2010年入选全国优秀博士学位论文名单

时间	作者	论文题目	导师
2001	熊川武	论反思性教学	瞿葆奎
2002	车文明	20世纪戏曲文物的发现与曲学研究	齐森华
2003	华学诚	周秦汉晋方言研究史	李玲璞
2003	郭秀艳	内隐学习的理论和实验	杨治良
2004	李家成	关怀生命——当代中国学校教育价值的新取向	叶澜
2005	李政涛	教育生活中的表演——人类行为表演性教学考察	叶澜
2008	司洪昌	嵌入村庄的学校——仁村教育的历史人类学研究	丁钢
2010	谢仁敏	晚清小说低潮研究：以宣统朝小说界为中心	陈大康

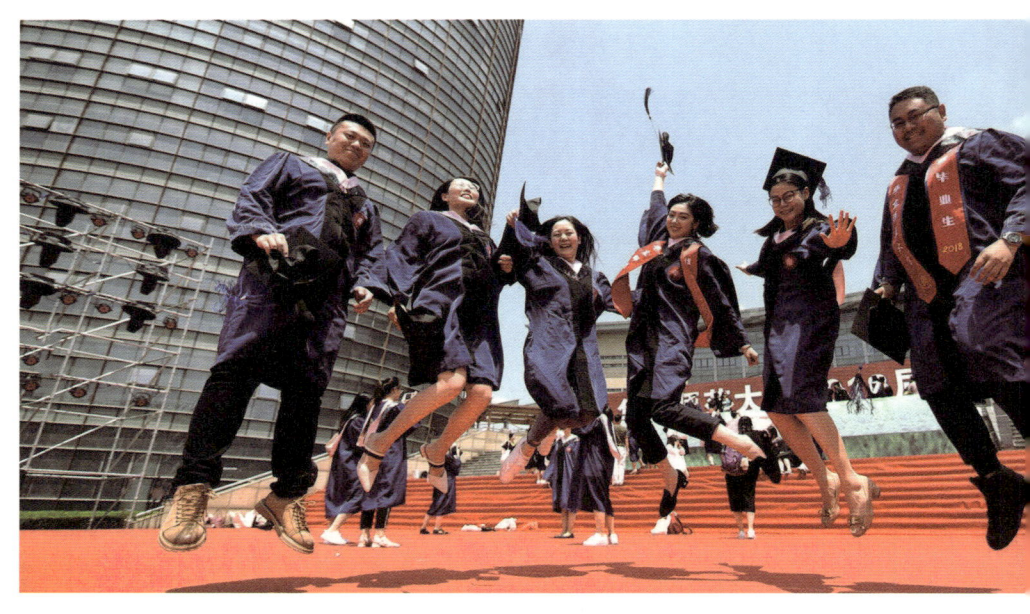

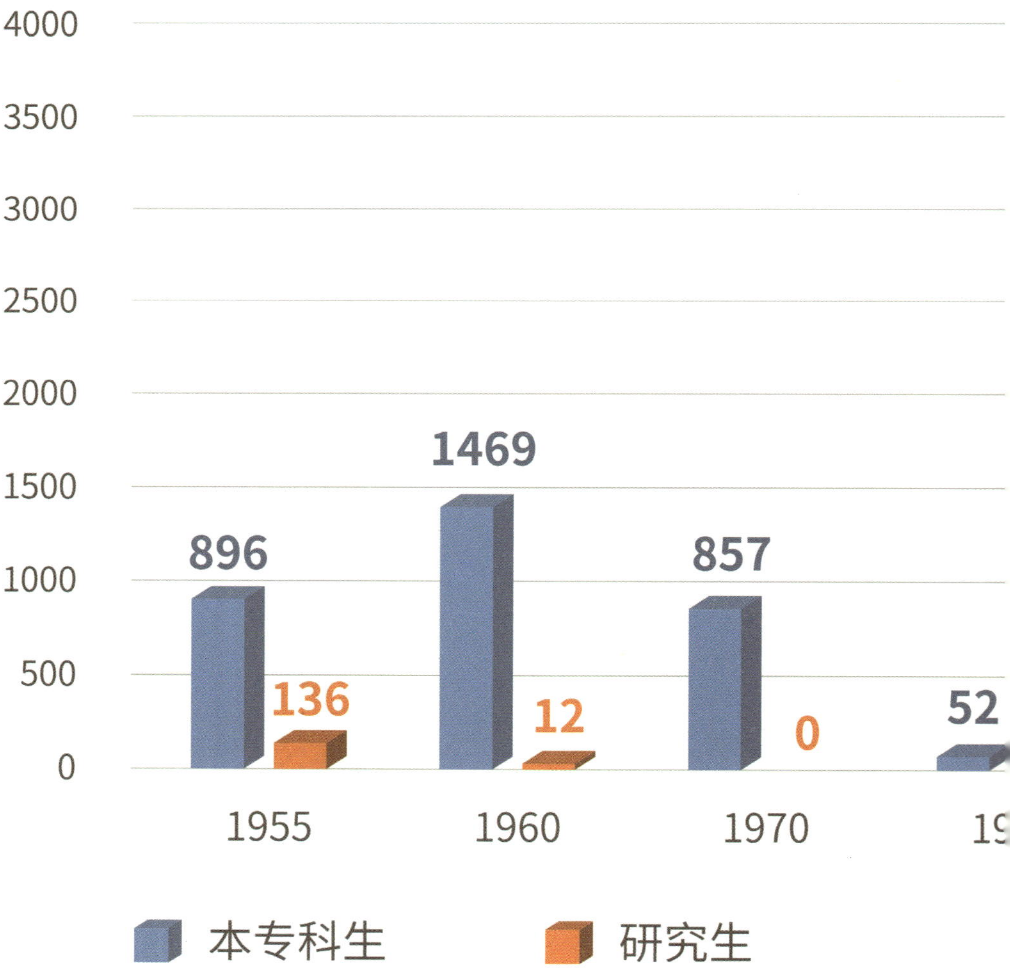
4000
3500
3000
2500
2000
1500
1000
500
0
896
136
1469
12
857
0
52
1955
1960
1970
本专科生
研究生

　　华东师大紧密结合国家和上海中长期发展规划，不断探索现代书院建设和人才培养的新模式、新方法，先后成立孟宪承书院、经管书院、大夏书院和光华书院。

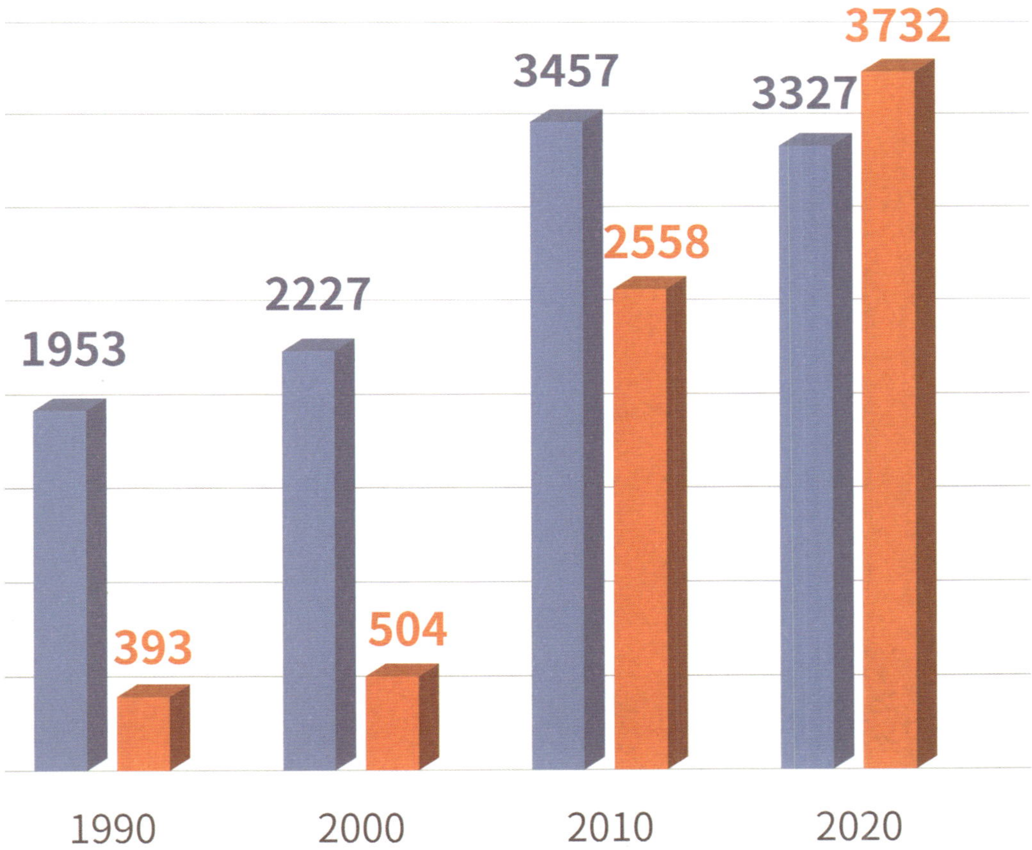

华东师范大学毕业生人数统计表
（1955—2020）

年份	1990	2000	2010	2020
	1953	2227	3457	3327
	393	504	2558	3732

第二十三章

赓续文脉 缤纷气象

为充实学校干部培训基地办学条件,2000年4月,教育部中学校长培训中心大楼(逸夫楼)奠基。该楼建筑面积11490平方米。2001年6月,理科大楼奠基,建筑面积40000平方米,进一步提高了学校理科科学研究的实验条件和办学水平。

在普陀校区理科大楼建设之后,学校集中力量建设闵行校区各类教学与办公楼,为新校区教学科研提供空间保障。闵行校区第一、二、三、四教学楼,本科生以及研究生公寓,图书馆,办公楼等公共空间先后完工。

为美化新校区校园环境、增添园林景观，体现学校历史文化，学校还进行了文脉廊、校训碑、大师石、尚义桥等一系列文化景观设计。

师大学子与国家同呼吸共命运，参加各类文体、科学研究以及志愿者活动，为学校和国家争光添彩。1998年，学校响应团中央号召，贯彻落实科教兴国、人才强国和西部大开发战略，招募并选拔组建研究生支教团，赴西部贫困地区开展支教工作。2004年雅典奥运会上，2001级本科生刘翔在男子110米栏决赛中以12秒91的成绩打破奥运会纪录，夺得金牌。2009年，第十一届"挑战杯"全国大学生课外学术科技作品竞赛中，学校参赛队名列全国第三、上海第一，并再次捧得"优胜杯"。

▲ 2003年，启用的理科综合大楼。

2004至2005年建设完成的闵行校区第一、二、三、四教学楼。

▲ 第一教学楼

▲ 第二教学楼

▲ 2005年，建设完成的闵行校区研究生公寓。

第三教学楼　　　　　　　　　　　　　　　　　　▲ 第四教学楼

2006—2010 年，建设完成的本科生公寓。▲

2006 年，闵行校区图书馆竣工。▲

2006 年，闵行校区行政办公楼落成。▲

大师石 ▼

▲ 校训墙

◀ 文脉廊

◀ 尚义桥

▲ 2001年10月16日,华东师大建校五十周年庆祝大会。

▲ 1997年12月20日,华东师大辩论队荣获第三届中国名校大学生辩论邀请赛冠军。

▲ 2002年建校51周年纪念日,校学生艺术团举行露天音乐会。

◀ 2004年8月28日，2001级本科生刘翔在雅典奥运会男子110米栏决赛中以12秒91的成绩打破奥运会纪录，夺得金牌。

▲ 2002年6月6日,华东师大第17届"华夏之光"校园文化艺术节闭幕式暨"银杏杯"文艺汇演。

▲ 2007至2008年,华东师大2005级研究生林凌先后奔赴南极、北极开展科考工作。

▲ 2008年,汶川地震后华东师大研究生心理援助队奔赴灾区。

▲ 2009年11月3日,第十一届"挑战杯"全国大学生课外学术科技作品竞赛闭幕,华东师大参赛队名列全国第三、上海第一,并再次捧得"优胜杯"。

▼ 2008年5月,华东师大学子为奥运圣火传递加油。

2014年6月1日,学校举办大夏大学成立90周年纪念活动。

▲ 2015年6月3日,学校举办光华大学成立90周年纪念活动。

第五篇 寰宇争高

迈向世界一流大学的征途（2017— ）

华东师范大学坚持以培养创新型人才，提升创新能力为中心，积极推进学科交叉融合，推进国际化进程，确立"育人""文明""发展"三大使命，以及"教育+""生态+""健康+""智能+""国际+"五大行动计划，努力朝世界一流大学迈进。

COMPETING ON THE INTERNATIONAL ARENA
Marching towards a World-class University (2017-)

Aiming at cultivating students with innovative abilities and promoting interdisciplinary development and internationalization, ECNU has attached the greatest importance to training students for all-round development, fostering human civilization for national rejuvenation and promoting sustainable development. By implementing the five action plans, Education+, Ecology+, Health+, Intelligence+, and Internationalization+, the university is striding towards the goal of a world-class university.

第二十四章

扎根中国大地，建设一流大学

2017年9月，教育部、财政部、国家发展改革委员会联合发布通知，公布世界一流大学和一流学科建设高校及建设学科名单。华东师大进入世界一流大学建设高校A类行列。《华东师范大学世界一流大学建设方案》随之公布，确定了学校推进"双一流"建设的发展战略和实施路径。华东师大将分三阶段建设世界一流大学，即2020年建成世界知名高水平大学，2030年接近世界一流大学水平，本世纪中叶建成世界一流大学。

为实现战略目标，华东师大提出实施新改革、对接新导向、聚合新资源、引领新趋势、塑造新风貌"五新"策略。强调把一流学科作为一流大学建设的基础，实施"2+4"重点学科建设计划。结合教育部认定学科和学校实际，重点建设教育科学（包括教育学、心理学、体育学）、地球科学（包括地

理学、生态学）2个优势学科群及软件工程、中国语言文学、数学、统计学4个特色学科。学校将通过集聚资源、创新机制，催生重点方向、重要学者、重大成果，打造一批在国内具有领先地位、在国际上具有卓越影响力、能够发挥引领带动作用的一流学科，通过一流学科建设带动学科整体提升，推动一批优势特色学科率先进入世界一流。

华东师范大学第十三次党代会确立了"育人""文明""发展"三大使命和"教育+""生态+""健康+""智能+""国际+"五大行动计划。围绕"五+"的"幸福之花"发展愿景是华东师大为全社会提供的幸福解决方案。

2017年9月20日，教育部、财政部、国家发展改革委员会联合发布《关于公布世界一流大学和一流学科建设高校及建设学科名单的通知》，华东师范大学进入世界一流大学建设高校A类行列。

"双一流"建设高校A类名单（36所）
（按学校代码排序）

北京大学	中国人民大学
清华大学	北京航空航天大学
北京理工大学	中国农业大学
北京师范大学	中央民族大学
南开大学	天津大学
大连理工大学	吉林大学
哈尔滨工业大学	复旦大学
同济大学	上海交通大学
华东师范大学	南京大学
东南大学	浙江大学
中国科学技术大学	厦门大学
山东大学	中国海洋大学
武汉大学	华中科技大学
中南大学	中山大学
华南理工大学	四川大学
重庆大学	电子科技大学
西安交通大学	西北工业大学
兰州大学	国防科技大学

华东师范大学世界一流大学建设方案三步走战略

1 第一步：到2020年，教师教育引领作用更加凸显，在若干优势特色学科领域或学科方向上达到世界一流水平，建成特色鲜明、优势突出的世界知名高水平大学，为全面建成小康社会贡献智慧和力量。

2 第二步：到2030年，办学实力和办学贡献大幅提升，一批学科进入世界一流行列，若干学科进入世界一流前列，接近世界一流大学水平，为国家基本实现社会主义现代化作出独特贡献。

▲ 2018年3月28日，华东师范大学第十三次党代会确立"育人""文明""发展"三大使命和"教育+""生态+""健康+""智能+""国际+"五大行动计划。

3 第三步：到本世纪中叶建校100周年时，一批学科稳居国内顶尖、世界一流前列，整体办学水平和学术贡献获得全球同行和各国公众高度认可，建成世界一流大学，实现几代华东师大人的"一流大学梦"。

▲ "幸福之花"图解

第二十五章

研教结合 卓越育人

　　华东师大积极进行教师队伍建设体制机制改革，优化教师队伍结构，提升整体素质，致力于建设一支师德高尚、业务一流、结构合理、具有突出的创新意识与创新能力、充满活力、适应建设世界一流大学需要的教师队伍。截至2022年5月，华东师大共有教职工4414人，其中专任教师2387人。教授及其他高级职称教师2089人，其中中国科学院和中国工程院院士（含双聘院士）19人，国家及上海市其他各类人才计划入选者443人。

　　学校围绕落实立德树人根本任务，扎实推进教育改革，提升教育质量。在本科教育方面，学校探索实践"大类招生、分层培养、多元发展"的人才培养模式，积极推进以精英教育为特征的研究型教学，努力为学生的自主学习与发展提供更大空间。学校与中国科学院下属研究所联合举办多个

菁英班,打破不同创新系统间的体制性壁垒,促进资源共享、优势互补,实现"科教结合、协同育人"。在研究生教育方面,华东师大加大跨专业招生力度,全面推行博士生"申请—考核"招生制;建立和完善研究生课程一体化平台、案例共享平台、学术交流平台、科研训练基地、专业实践基地;完善以培养质量为导向的导师选聘制、岗位责任制和绩效考核制;提高专业学位导师队伍中"双师型"导师比重。

在创新创业教育方面,学校创立创新创业学院,搭建创新创业平台,加大资金投入,建设创业基地,强化政策支持,鼓励广大师生积极投身创新创业热潮。学校连续在各类创新创业大赛和科创大赛中取得喜人的成绩。

▲2014年,学校设立教学贡献奖。图为校长陈群(左一)为首届杰出教学贡献奖获得者颁奖。

2018年,华东师范大学实施本科专业点(教学点)责任教授(点长)制。图为2018年11月13日学校举行首届本科专业点(教学点)责任教授聘任仪式暨高级研修班开班仪式。▶

◀ 华东师范大学与中国科学院联合举办物理学、化学和微电子等专业菁英班，打破不同创新系统间的体制性壁垒，促进资源共享、优势互补，实现"科教结合、协同育人"。图为2016年4月27日举行签约仪式。

2019年首批国家级一流本科专业建设点

学部、院系	专业	学部、院系	专业
地理科学学院	地理科学	社会发展学院	社会学
生态与环境科学学院	环境科学	外语学院	英语
教育学部	学前教育	心理与认知科学学院	心理学
教育学部	特殊教育	体育与健康学院	体育教育
经济与管理学部	统计学	传播学院	新闻学
软件工程学院	软件工程	设计学院	公共艺术
数据科学与工程学院	数据科学与大数据技术	数学科学学院	数学与应用数学
通信与电子工程学院	微电子科学与工程	化学与分子工程学院	化学
中国语言文学系	汉语言文学	生命科学学院	生物科学
历史学系	历史学		

国家基础学科拔尖学生培养计划 2.0 基地与强基专业

基地名称	强基专业
中国语言文学拔尖学生培养基地	汉语言文学（古文字学方向）
历史学拔尖学生培养基地	哲学
数学拔尖学生培养基地	数学与应用数学
物理学拔尖学生培养基地	物理学
地理学拔尖学生培养基地	生物科学
心理学拔尖学生培养基地	

▲ 2020 年，学校在基地班、菁英班基础上，在数学与应用数学、物理学、生物科学、汉语言文学（古文字学方向）、哲学 5 个专业启动"强基计划"，培养"高精尖"人才。

研究生卓越育人工作方案及九大行动计划

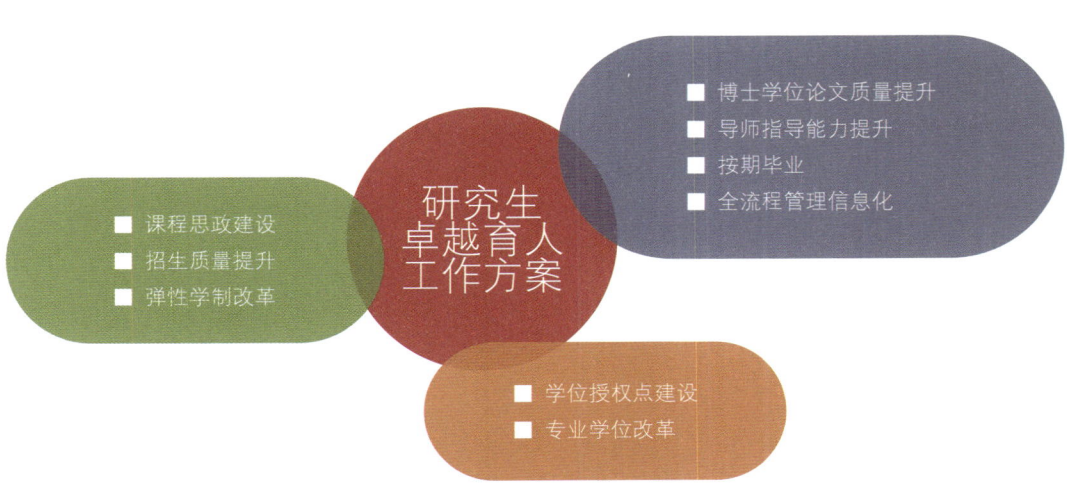

◀▲ 2020 年 12 月 9 日，学校举办研究生教育大会，出台研究生卓越育人工作方案及九大行动计划。

▲ 2020年12月,学校在第十二届"挑战杯"中国大学生创业计划竞赛全国决赛中荣获2金3银1铜,金奖数和总分位列上海高校第一,捧得"优胜杯"。

▲ 2019年10月，学校在第五届中国"互联网+"大学生创新创业大赛中获2金2银4铜，金奖数和获奖总数居上海高校第一。

第二十六章

强基固本 攀高望远

　　华东师大根据"五位一体"总体布局、"四个全面"战略布局和科教兴国战略、教育强国战略的需要，致力于优化提升学校学科布局，推动基础学科强基固本，促进应用学科跨越突破，鼓励交叉学科协同攻关。截至2022年5月，学校有博士学位授权一级学科31个，硕士学位授权一级学科35个，硕士学位授权二级学科3个，26个博士后科研流动站。学校拥有3个国家"双一流"建设学科，2个国家一级重点学科，5个国家二级重点学科，5个国家重点培育学科，12个教育部第四轮学科评估A类学科，6个上海市高峰学科，12个上海市重点学科和17个上海市一流学科。

　　学校在人文社科领域大力实施"精品战略"，加快推进中国特色、师大特点的哲学社会科学研究，孵化智能教育等文科实验室。在教育研究、冷门绝学研究、中国思想文化研究等方面产出了一批高质量的原创性学术成果，获教育部高校研究优

秀成果奖（人文社会科学）39项，其中一等奖5项，位居全国高校前列；232项成果获全国教育科学、上海哲社等各类省部级社科优秀成果奖，其中一等奖及以上48项，分别位居全国和上海市前列；获批国家级人文社科重大项目57项，稳居全国高校前列。10个机构入选各类省部级社科基地平台，全校省部级以上社科基地平台达到23家，基本覆盖人文社科各学科领域。

学校在自然科学领域，坚持"四个面向"，夯实基础科学研究，解决"卡脖子"技术难题，加强前瞻布局，开展有组织的科研。以河口海岸学国家重点实验室和精密光谱科学与技术国家重点实验室为代表的33个国家及省部级研究基地，在自然科学领域取得多项重要研究成果，获国家科技进步奖二等奖1项，上海市科技进步奖特等奖1项，省部级及以上科技奖励26项。

12个学科进入教育部第四轮学科评估A类名单

档次	学科名称
A+（前2%）	教育学
A+（前2%）	世界史
A（2%-5%）	体育学
A（2%-5%）	中国语言文学
A（2%-5%）	地理学
A（2%-5%）	统计学
A（2%-5%）	软件工程
A-（5%-10%）	马克思主义理论
A-（5%-10%）	心理学
A-（5%-10%）	外国语言文学
A-（5%-10%）	数学
A-（5%-10%）	生态学

学校 24 位教授入选首批"上海社科大师"

2018年5月14日,上海市社联公布首批"上海社科大师"名单,学校吕思勉、廖世承、张耀翔等24位教授入选。

▲ 2018年，"生命·实践"教育学派团队获"全国高校黄大年式教师团队"称号。

2018年国家级教学成果奖获奖项目名单

成果名称	获奖等第
国家课程改革背景下学校课程发展模式的建构与实践	一等奖
入耳入脑入心 同向同行同频： 以思政课为核心的课程思政教育教学改革与创新	一等奖
德业双修：卓越教师培养的实践与创新	二等奖
逻辑思维与工具实践并重的跨领域可信软件人才培养模式	二等奖
以影子校长为重点，五个一百相互支撑， 培养未来教育引领者的实践育人模式	二等奖
创新人才早期培养支持系统的构建与实践 ——华东师范大学二附中20年创新教育探索	二等奖

▲ 2020年1月,数据科学与工程学院周傲英、钱卫宁等主持的"支持互联网级关键核心业务的分布式数据库系统"项目荣获2019年度国家科学技术进步奖二等奖。

▲ 2020年5月,软件工程学院何积丰院士领衔完成的"面向重大工业装备核心控制软件的安全可信保障技术及应用"项目荣获上海市科技进步奖特等奖。

▲ 数学科学学院吕长虹教授团队参与研发中国第一款港口智能化操作系统。图为运用该系统的上海洋山港四期码头。

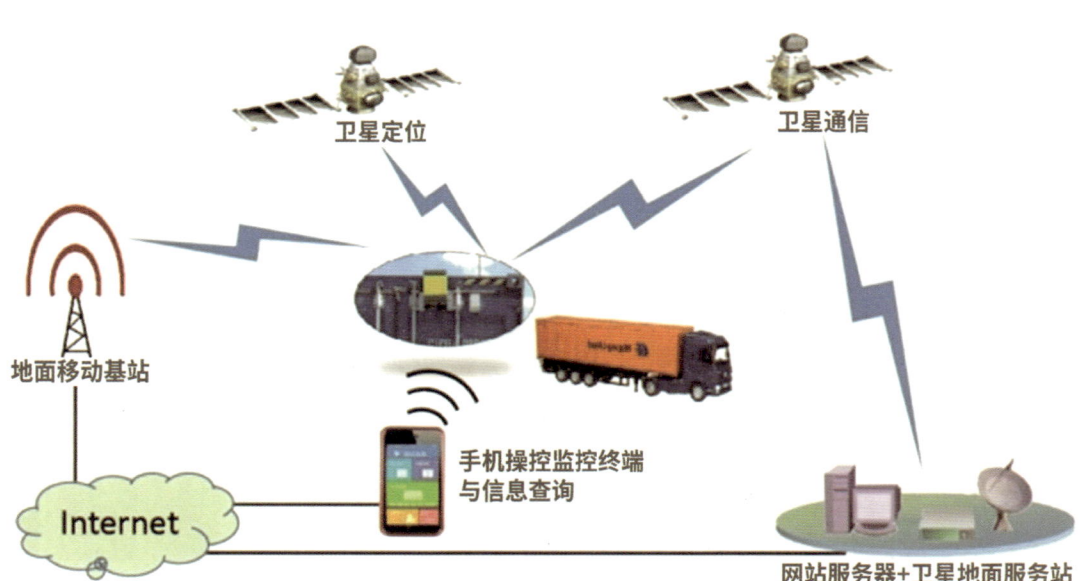

◂ ▴ 国际航运物流研究院包起帆教授团队领衔并参与国际标准制修订，使中国北斗系统运用于全球集装箱物流跟踪。图为系统示意图，集装箱电子箱封及系统国家标准技术审查会议。

教育部第八届高等学校科学研究
优秀成果奖（人文社科）一等奖名单

《回归突破："生命·实践"教育学论纲》
叶澜 著

《学校课程实施过程质量评估》
崔允漷 著

《中国外国文学研究的学术历程》
陈建华 主编

《中国近代小说编年史》
陈大康 著

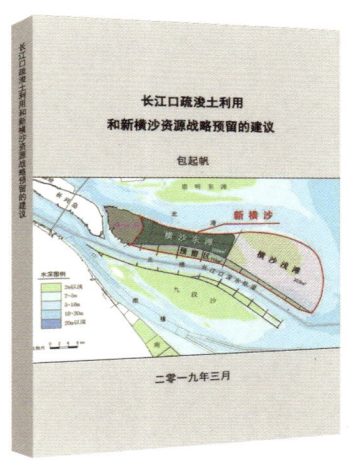

《长江口疏浚土利用和新横沙资源战略预留的建议》
包起帆 著

2020年，华东师大获教育部第八届高等学校科学研究优秀成果奖（人文社科）39项，排名全国高校第十位，其中一等奖五项，位列全国高校第七位。（一等奖五项：叶澜《回归突破："生命·实践"教育学论纲》、崔允漷《学校课程实施过程质量评估》、陈建华《中国外国文学研究的学术历程》、陈大康《中国近代小说编年史》、包起帆《长江口疏浚土利用和新横沙资源战略预留的建议》。）

李大为（David A. Leigh）教授团队在分子拓扑学方面取得突破性进展，相关成果于2020年8月26日发表于《自然》（Nature）杂志。

李超教授团队首次破解植物亲和花粉授粉机制，相关成果于2021年4月9日发表于《科学》（Science）杂志。

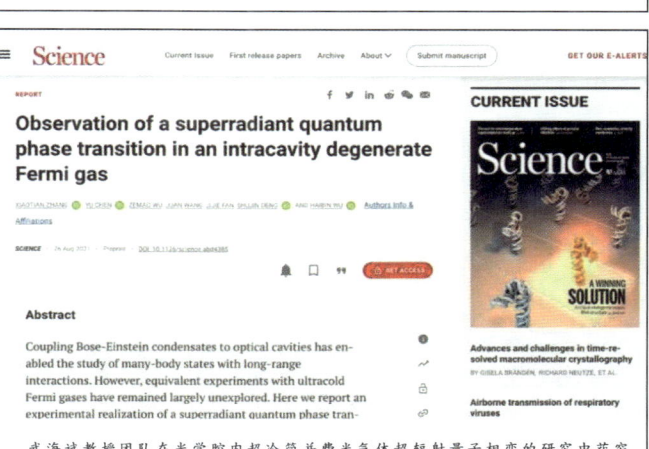

武海斌教授团队在光学腔内超冷简并费米气体超辐射量子相变的研究中获突破性进展，相关成果于2021年8月26日发表于《科学》（Science）杂志。

▲ ▶近年来，华东师大学术竞争力和国际影响力显著增强，在高水平学术期刊发文数量快速增长。

2011—2020 年 国家与省部级项目（人文社科）统计表

年份	国家社科基金项目	国家社科基金教育学项目	国家社科基金艺术学项目	教育部项目	教育部基地重大项目	上海哲社项目
2011	45	12		51	61	24
2012	50	16	1	33		30
2013	49	17		31	11	40
2014	48	15	1	26		33
2015	45	9	1	25		32
2016	39	16	3	29	21	30
2017	48	15		42	4	46
2018	59	16	3	36	1	56
2019	59	17	2	41	2	60
2020	83	17	2	18	0	48
总计	525	150	13	332	100	399

2011—2020年国家与省部级项目（理工科）统计表

年份	重点研发及等同类项目	国家自然科学基金重大重点类项目	国家自然科学基金杰青项目	国家自然科学基金优青项目	国家自然科学基金一般项目	上海市级重大重点项目	上海市一般项目
2011	3	9	2		129	5	78
2012	2	5		4	154	3	64
2013	2	11	1	3	127	2	46
2014	1	8	3	3	130	5	68
2015		9		4	137	5	62
2016	5	10	1		157	7	56
2017	3	13	4	6	157	15	82
2018	8	9		2	176	11	66
2019	3	5	1	3	169	11	134
2020	1	11	1	7	167	6	111
总计	28	90	13	32	1503	70	767

第二十七章

对接国家战略 增强服务动能

　　华东师大积极服务国家战略，围绕教育、生态、健康、智能、国际等主题，在国家战略、社会发展领域积极践行大学使命。华东师大紧密对接国家及上海对建设崇明世界级生态岛的要求，成立崇明生态研究院。为加强教师教育领域的学科优势和专业力量，全面提升社会服务水平，成立基础教育集团。致力于建成为国家宏观决策服务的教育智库，先后成立国家教育宏观政策研究院等机构。学校贯彻落实党中央、教育部扶贫工作统一部署，整合优势资源，持续深化与6所教育部指定对口支援高校的合作，并先后与6个省市地区签订校地对口支援合作协议。

　　学校以服务区域和国家发展为目标，积极探索教育精准扶贫新模式，扎实推进多渠道、多形式的对口帮扶。在不断助推产学研协同发展和人民群众脱贫致富的进

程中，双方携手将合作推向深入。华东师大坚持选派学科专家支持受援高校各级学科的建设，并聚焦国家和地方发展重要领域，深耕学科建设、科学研究，厚植科研转化能力，一批科研协作和智库平台得以建成。

截至2021年，学校共有15家智库入选CTTI智库索引。在2018年发布的CTTI高校智库百强榜中，华东师大共有5家智库入选，入选数量位列上海第一，并列全国第二。

入选中国智库索引（CTTI）名录

中国现代城市研究中心
周边合作与发展协同创新中心
长三角区域一体化研究中心
俄罗斯研究中心
课程与教学研究所
上海人口结构与发展趋势创新研究基地
中国现代思想文化研究所
中国文字研究与应用中心
国家教育宏观政策研究院
中国现代城市中心
国家话语生态研究中心
全球创新与发展研究院
上海终身教育研究院
华东师范大学上海城市发展协同创新中心
上海市人民政府决策咨询研究基地（余南平）工作室

支援中西部高校 加强校地合作

教育部指定对口支援高校

新疆师范大学
西藏民族大学
兰州城市学院
宁夏师范学院
中国石油大学（北京）克拉玛依校区
丽江师范高等专科学校

部省合建对口合作支援高校

贵州大学

教育部"银龄计划"对口支援高校

中国石油大学（北京）克拉玛依校区
西昌学院

其他支援学校

贵阳学院
云南师范大学
贵州民族大学

▲ 华东师范大学贯彻落实党中央、教育部扶贫工作统一部署，持续深化与教育部指定6所对口支援高校和11所对口支援地方高校的合作。

▲ 2019年1月，华东师大与贵州省人民政府签署战略合作协议。

▲ 2019年7月3日，华东师大与华为技术有限公司签署战略合作协议。

▲ 2021年7月12日，第十四届国际数学教育大会在华东师大开幕，中国科学技术协会党组书记怀进鹏通过视频致辞。

▲ 2021年7月8日，学校承办2021世界人工智能大会教育主题论坛"AI赋能教育数字化转型"。图为论坛智能教育展览展台。

▲ 近年来，学校已培养400余名选调生扎根基层服务人民，在党和人民最需要的地方绽放青春。

▲ 2017年6月22日，学校发挥教育学科特色优势和基础教育优质资源辐射作用，成立基础教育集团。图为2020年11月14日，学校领导调研华东师范大学芜湖外国语学校。

▲ 2009年以来,"爱飞翔·乡村教育项目"组织了21个省市自治区、853所学校的1513位乡村教师来沪参加培训。

▲ 2020年5月23日,学校为响应国家健康卫生事业新行动、社会突发重大疾病防控新需要,成立医学与健康研究院,培养高层次医学与健康人才。

▲ 华东师大民族地区语言教育研究中心获"2017-2020年度上海市助力脱贫攻坚先进集体"表彰。民族地区语言文字教育"华东师大模式"已覆盖数千名一线民族教师、全国高校1000多名培训老师和"三区三州"等地的数万名受训学员。

▲ 2017年12月26日，学校为服务国家战略，紧密对接国家及上海建设崇明世界级生态岛的需求，成立崇明生态研究院。图为学生在崇明进行野外考察。

◀ 2020年10月28日，上海市副市长陈群（后排右二）在华东师大定点帮扶的云南省寻甸县雷锋希望小学观摩素质教育帮扶课。

第二十八章

优雅学府 文明和谐

　　华东师大坚持以一流大学的文化意识和文化自觉引领学校文化建设，弘扬刚柔相济、博大精深、自信务实、包容执着的学校优秀文化传统，形成提倡学术民主，推崇学术自由，鼓励百花齐放、百家争鸣的学术文化；弘扬"求实创造，为人师表"的校训精神，培育相互协作、荣辱与共的团队精神，激发敢为人先、追求卓越的创新精神，形成高尚、和谐、进取的精神文化；坚持民主管理、科学管理、人本管理，实行激励与约束相结合以激励为主的机制，建设以人为本的制度文化。

　　学校大力开展丰富多彩、健康向上的文化活动，努力满足广大师生迫切需要丰富精神文化生活的热切愿望，精心设计、组织实施展现学校一流大学文化的重要仪

式。每年认真规划和实施系列文化活动，举办华东师范大学新年音乐会、国际文化节、校友返校日、运动会等活动，积极推进与世界一流大学的文化交流。

在中华民族伟大复兴征程中第一个百年来临之际，华东师大迎来建校70周年。2021年10月16日，学校举行庆祝华东师范大学建校70周年大会。各级领导、嘉宾、海内外校友和全体师生员工线上线下欢聚互动，庆祝这所新中国成立后新组建的第一所社会主义师范大学建校70周年。在闵行校区樱桃河畔，8000余名师生校友在线下、100万余名观众通过线上多个直播平台观看华东师大建校70周年文艺晚会。

校园新景

▲ 2017年12月19日,新建河口海岸大楼竣工。

▲ 2018年12月21日，大夏书店正式亮相。

▲ 2021年9月10日，孟宪承·刘佛年教育成就陈列室正式开展。

校园活动

丽娃河之夜·2017年新年音乐会。▲

2019年2月4日,华东师大全明星健美操啦啦操队登台2019年央视春晚。▲

▲ 2018年4月,华东师大蝉联部属师范大学国际学生足球联赛冠军。

▲ 2019年10月18日,第二届中国国际进口博览会华东师范大学志愿者誓师大会暨志愿者总队成立仪式举行。

▲ 2020年6月23日,华东师大举行2020届毕业典礼。

▲ 2019年7月1—5日,由大夏书院学生自编自导自演的原创校史剧《伯群校长》在王伯群家乡贵州兴义进行巡演。图为演出结束后剧组合影。

2021年10月6日,"风华海上——2021年迎校庆70周年华东师范大学美术作品展"开幕。▲

2021年10月9日,大师剧《孟宪承》校庆70周年专场上演。▲

▲ 2021年10月8日,华东师范大学校史馆开馆,"校史风貌区"亮相。

▲ 2021年10月8日,学校举办《华东师范大学志》出版座谈会。校志首度全面总结学校131年的办学史和60年的建校史。

▲ 2021年9月17日，华东师大闵行校区东门——大夏门开启。

▲ 2021年10月14日，巴甫洛夫实验室变身华东师大校友之家。

▲▼ 2021 年 10 月 16 日，学校举行庆祝建校 70 周年大会。

▲ 2021年10月16日晚,华东师大举办建校70周年文艺汇演。

第二十九章
国际化办学进入新时代

华东师大注重国际合作交流,先后与里昂高师等法国三所高等师范学院、美国纽约大学、弗吉尼亚大学、加拿大不列颠哥伦比亚大学、俄罗斯莫斯科罗蒙诺索夫国立大学、圣彼得堡彼得大帝理工大学、澳大利亚昆士兰大学、日本东京大学等世界著名大学建立了紧密合作关系。目前学校已与世界300余所高校和科研机构签订了学术合作与交流协议。

学校始终坚持"稳定规模,优化结构,规范管理,保证质量"的工作方针,不断开拓国际合作,丰富项目内涵,着力推进国际化进程,留学生规模始终稳居全国前十名。同时,随着国际教育园区的不断发展以及对研究生英文授课项目的成功开发,华东师大吸引了越来越多的欧美高层次留学生,优化了留学生结构,推进了学

历留学生规模的增长。此外，学校设有国际汉语教师研修基地，作为中方合作院校建设4所孔子学院和2所独立孔子课堂。

为加强中外联合人才培养和科学研究，华东师大协同推进上海纽约大学建设，共建联合研究中心，实行教师双聘制度。与法国高师集团旗下的里昂高师以及法国国家科学研究中心合作建立"中法社会与科学联合研究院"。与法国高师集团共同开展"中法联合培养研究生项目"，与法国里昂商学院合作创办亚欧商学院。与以色列海法大学合作成立转化科学技术联合研究院。与加拿大阿尔伯塔大学联合成立先进科学与技术联合研究院，聚焦光电信息与先进纳米材料领域前沿研究。同时，学校积极响应国家"一带一路"倡议，拓展与东欧、非洲等国家和地区高校及科研机构的交流。

中外合作

▲ 2005年6月17日，举行与法国高师集团交流合作项目签约仪式暨联合研究生院成立大会。

▲ 2010年8月31日，与里昂高等师范学院、法国国家科研中心签署总协议，合作成立中法社会与科学联合研究院（JoRISS），开展高水平合作研究。

▼ 2011年1月17日，教育部正式批复同意华东师范大学与纽约大学合作筹建上海纽约大学，标志学校国际合作办学进入了全新的时代。图为2012年10月15日，上海纽约大学成立典礼。

2014年10月28日，梅兵副校长一行访问美国圣约翰大学，双方签署校际合作谅解备忘录，标志两校合作关系的正式缔结。▲

2014年11月，学校与法国高师集团续签中法联合培养研究生项目协议。▲

▲ 2018年5月，"华东师范大学—阿尔伯塔大学先进科学与技术联合研究院"揭牌成立，将逐步建设成为上海科创中心的重要标志之一。

◀ 2018年11月20日，"华东师范大学—海法大学转化科学与技术联合研究院"入驻闵行紫竹国际教育园区，致力于培养具有创新精神和国际化视野的高层次应用型科技人才。

▲ 2018年10月,与匈牙利外联集团共建布达佩斯中国研究中心,标志学校海外中国研究中心建设总体规划迈出第一步。

2019年4月12日,华东师范大学—华美协进社中国研究中心(ECNU Center at China Institute)正式成立。▶

▸ 2018年12月5日,学校首个非洲海外工作站——"达累斯萨拉姆大学—华东师范大学工作站"成立。

2011—2020 年
华东师范大学留学生人数统计表

年份	长期	短期	总人数
2011	3525	1430	4955
2012	3788	1696	5484
2013	4018	1727	5745
2014	3847	1842	5689
2015	4215	1580	5795
2016	4594	1445	6039
2017	4727	1497	6224
2018	4787	1508	6295
2019	4803	1548	6351
2020	3043	798	3841

学校始终坚持"稳定规模，优化结构，规范管理，保证质量"的工作方针，不断开拓国际合作，丰富项目内涵，着力推进国际化进程，留学生规模始终稳居全国前十名。

▲ 2013年4月11日，泰国公主玛哈·扎克里·诗琳通看望在华东师大学习的泰国师生以及将前往泰国的国际汉语教师志愿者，并受聘为华东师范大学荣誉教授。

◀ 2019年11月16日，华东师大举行第十三届国际文化节系列活动之"各国风情展Mini Expo"。

2011年12月21日，诺贝尔物理学奖获得者丁肇中教授来校演讲并受聘名誉教授。▲

2018年10月16日，诺贝尔物理学奖获得者杨振宁教授参观华东师大精密光谱科学与技术国家重点实验室。▼

◄ 2014年6月,"上帝粒子"的发现者、2013年诺贝尔物理学奖获得者弗朗索瓦·恩格勒(Francois Englert)教授来校演讲并受聘为荣誉教授。

▲ 2019年9月17日,日本前首相鸠山由纪夫到校访问并作《亚洲新时代与中日两国的使命》演讲。图为校长钱旭红会见鸠山由纪夫。

陈群

（任期 2012.6-2018.1）

张瑞琨

（任期 1992.12-1997.1）

孟宪承

（任期 1951.11-1966）

钱旭红

（任期 2018.1-）

王建磐

（任期 1997.1-2005.12）

刘佛年

（任期 1978.8-1984.6）

俞立中

（任期 2006.1-2012.6）

袁运开

（任期 1984.6-1992.12）

华东师大历任校长

华东师大历任党委书记

童世骏
（任期 2011.7-2019.12）

严凤霞
（任期 1986.7-1989.9）

魏进
（任期 1970.12-1975）

周抗
（任期 1952.2-1953.5）

梅兵
（任期 2019.12-）

徐豫龙
（任期 1989.9-1993.10）

陈准堤
（任期 1977.6-1978.8）

胡友庭
（任期 1953.5-1954.6）

陆炳炎
（任期 1993.10-2000.10）

施平
（任期 1978.8-1984.6）

常溪萍
（任期 1954.6-1965.10）

张济顺
（任期 2000.10-2011.7）

王璞
（任期 1984.7-1986.7）

姚力
（任期 1965.10-1966）

编后记

《图说华东师大》在华东师范大学校史展览内容的基础上重新编撰而成。

本书内容是在华东师大党政领导的直接关怀下完成的。时任校党委书记童世骏，现任校党委书记梅兵、校长钱旭红，分管副校长孙真荣、雷启立等审阅了全稿。

2019年6月，为迎接2021年华东师范大学建校70周年，学校决定重新布展校史馆。校史馆重新布展，展陈大纲和内容是基础，也是重中之重。为完成好这项工作，我们本着高度的历史责任感和使命感，主要在以下四方面进行了准备。

一、广取博纳校史资料。我们从近3000万字的"丽娃档案"丛书中，选取学校核心史料；赴中国历史第二档案馆、上海市档案馆、上海市图书馆、贵州大学、贵州师范大学、兴义市、赤水市、西南财经大学等单位查询史料。

二、开展实证和访谈。我们沿着学校前身大学西迁办学路线开展调查考察，口述采访200余位华东师大，以及大夏、光华和圣约翰大学等前身学校校友和后人。

三、组织专场咨询会。在校史馆展陈大纲和内容相对成熟后，我们分别邀请学校老领导、资深教授、中青年教师、各单位负责人、在校学生、校友，以及校内外的校史专家等近百位代表召开十余场咨询会，听取他们宝贵的意见和建议。他们是张济顺、王建磐、俞立中、吴铎、范军、罗国振、杜公卓、顾红亮、许世远、叶忠海、沈焕庭、胡晓明、陈卫平、翁默颖、朱小怡、阮荣耀、郁振华、罗岗、冯学钢、袁筱一、赵刚、吕志峰、吴冠军、阮荣春、王曜、王淑仙、余佳、吴健、周云轩、王平、邢和祥、夏祥伟、夏建国、魏明扬、王同彤、童愈亮、吴李国、饶昇萍、陈澜、徐燕婷、陈明园、石春轩子、庄瑜、欧七斤、钱益民、章华明、喻世红等。

四、完善史料，考证推敲。我们专门就最近十年的展陈内容进一步征求学校办公室、组织部、宣传部、发展规划部、教务处、招生办公室、研究生院、科技处、人文与社会科学研究院、国际合作与交流处、人事处、国有资产管理处、校友工作办公室等职能部门的意见。

在校史馆展陈内容编撰过程中，我们充分吸取各位领导、专家和部门的意见和建议，力争做到客观、准确、全面，经得起历史的考验。2021年3月，学校领导召开校史馆建设专题会，审议通过展陈大纲、内容和设计方案。是年9月，校党委书记梅兵在校史馆开馆仪式上致辞指出,在新的时代,我们要进一步深入挖掘师大党史校史,激活校史馆文化资源,提炼师大精神,为把师大建设成为世界一流大学提供源源不断的文化动力。

为继续讲好师大故事,我们决定在校史馆展陈内容的基础上,组织编撰《图说华东师大》。由于书籍和展馆叙事及展示方式的不同,为编好本书,我们依据"尊重历史、脉络清楚、重点突出、图文并茂"的编写原则,对内容重新做了调整,试图通过精彩的图片和凝练的文字,形象、直观而生动地再现华东师大140余年办学史和70年的创校史。

《图说华东师大》编撰历时近两年,数易其稿。在编写过程中,我们深深感受到编写华东师大跨越三个世纪的办学图史,无论是内容遴选、史实考辨,还是体例平衡等方面,感觉面对熊掌与鱼,难割难舍,颇费斟酌。

本书由档案馆馆长汤涛统稿,林雨平、陈华龙、施家仓、李炜菁、徐晓楚、吴雯、俞玮琦、杨婷、符玲玲等参与本书的编辑工作。

本书出版得到华东师范大学出版社的支持,感谢责任编辑朱妙津、美术编辑郝钰等的辛勤付出!

在《图说华东师大》付梓之际,对所有提供帮助的领导、单位和个人谨致无限谢意!

由于我们能力所限,书中难免会有差错,敬请师生校友和广大读者不吝指教。

编者

2022 年 11 月